Shulchan Shel Arba

<u>Introducción</u>

1Hijo del hombre que está hecho de cuatro, prueba mi pan, calma el rugido de tu vientre.

2Escuche y escuche, hable yo conocimiento secreto. Sujételo bien, una clavija en el suelo de su tienda.

3Pero sólo un peregrino sabio puede soportar las profundidades; Ningún tonto tonto, que se desviará de la orilla.

4Entonces, como al amanecer, el núcleo brillante del sol ¡Emerge tu Luz! Del libro, esta Mesa de cuatro.

5"Esta es la mesa que está delante del Señor, 1 que extiende los cielos como un dosel para una tienda 2, pone tierra sobre el agua 3 y alimenta a las criaturas de Su hogar en tres divisiones:" la cubierta inferior, media y superior ". 4 En el reino más alto están los ángeles ministradores más cercanos a Él: los querubines, los serafines, los ofanim y los arielim . Son asistentes en su palacio; en legiones se deleitan con la luz de Su presencia, con la luz que fluye de Su propio resplandor. El reino medio es el "chaleco de los cielos", 5una asamblea de fuego y agua - lluvias constreñidas y constreñidas - de día y de noche Dios los refrena. Los ojos de sus mentes ven [tzofim] el deleite de su Maestro como su alimento, mucho más dulce para ellos que la miel escogida [tzufim]. Tienen hambre de la Causa de su existencia; 6 las columnas que sostienen su reino están suspendidas por el brazo de su sabiduría y tiemblan ante su represión. 7 Pero la vivienda más baja, un círculo que irradia desde su punto medio, tiene dimensiones mensurables. Nuestra comida no es su comida. Su comida está concebida en su mente, cuando ven el rostro de su

Hacedor. Nuestra comida es escasa pan, agua, y las lágrimas, 8 conseguido por el trabajo duro y el trabajo.

6Porque así el Rey ordenó cómo debemos vivir debido al primer pecado el día en que el hablador engañó a nuestro primer padre. 9 El día en que Adán fue atrapado por su enemigo, se decretó para él que ganaría su pan solo con el sudor de su frente, 10 y que el hombre fuera humillado y abatido. 11 Cambió placer [' oneg] por plaga [nega'], trabajó duro en lugar de descansar. Su sabiduría se estropeó y su estatura disminuyó. Le causó debilidad en lugar de fuerza; en lugar de trigo, brotaron espinas. En lugar de vida eterna, muerte; en lugar de luz, sombra de muerte. Con todo esto, el Señor elevó el poder de los seres superiores y empeoró el poder de los seres inferiores. Porque los seres superiores se alimentaban sin trabajar, mientras que los inferiores tenían que arreglárselas con el dolor y el sufrimiento. Les dio a los seres superiores en lo alto la vida eterna para todas sus generaciones, pero a los inferiores vidas cortas, días volando más rápido que un corredor. 12 Esta es la sorprendente parábola que trajeron nuestros rabinos en Bereshit Rabba sobre el versículo: "la tierra estaba sin forma y vacía [tohu ve-bohu]". 13

7Es como un rey que adquirió dos esclavos, ambos con el mismo contrato y precio. Decretó que uno comería gratis del ganado del rey, y que el otro tendría que trabajar por su comida. Así que este último se sentó asombrado y confundido [toheh ve-boheh]. 14 Él dijo: 'Los dos fuimos adquiridos por el mismo precio y contrato, pero ese se alimenta de la tesorería. Pero yo, si no trabajo, no como. ¡Estoy asombrado! Asimismo, la tierra se sentó asombrada y confundida. 15

8La palabra timyon significa tesoro, y los dos sirvientes son los cielos y la tierra. Y cuando se dice, "hacedor [koneh] del cielo y de la tierra", 16 significa que fueron adquiridos con el mismo contrato y precio, es decir, mediante una factura de venta y un pago único; la parábola se refiere a una sola sustancia. Esta interpretación supone que ambos fueron creados a partir de una sola sustancia. Y en una línea similar hay otra interpretación: "Los seres superiores e inferiores fueron creados en un solo instante. Los seres superiores se alimentan del resplandor de la Shekhinah, mientras que los seres inferiores, si no se afanan, no comen ". 17Y si es así, es por eso que el compositor de la segunda interpretación dijo "el resplandor de la Shekhinah" en lugar de timyon , que es donde el rey almacena sus bienes. Otra interpretación dice: "Los seres superiores viven, los inferiores mueren; por lo tanto, hubo asombro y confusión ". 18Al considerar la calidad de su propia existencia, el hombre miró la vida de los seres superiores. Esas vidas son dulces, duran para siempre. Miró todos los mares que están ante el Señor y la tierra, considerando la calidad de la creación del Señor, y se quejó de lo mala que era su propia porción. Con todo esto, el hombre se quedó realmente asombrado y confundido. Y entonces esta es la herencia de la raza humana: que no podemos ser liberados de la prisión del primer crimen del hombre. Nuestra existencia es escasa porque no hemos sido purificados de este crimen. Así que esperaremos a que el ángel del pacto venga a refinarnos y purificarnos, el señor a quien buscamos, el mesías del Lugar Santísimo. Como todos los hijos de Adán — hijos del hombre que pecó, estamos manchados, nuestras almas están enfermas — nuestra nación no es mejor que todas las demás naciones; como nosotros,

9Sin embargo, nuestro régimen de placeres [dat sha'ashu'im] nos distingue de las naciones que yerran, se rebelan y pecan. Porque encontramos nuestra Roca en el desierto, en la tierra de las almas, y allí Él nos puso una mesa contra las naciones, y así David dijo: 'Pon delante de mí una mesa contra mis enemigos' [Sal 23: 5). Allí el Señor nos dio abundancia de caridad y cosas buenas. Allí nos dio una porción maravillosa del pan en nuestra ley, pan del cielo sin esfuerzo. Allí nos mostró a través de un gran amor algo parecido al mundo venidero, donde las divisiones de sus ángeles maravillosamente formados son alimentadas sin esfuerzo, talladas en llamas y fuegos temibles; y la plantación del Señor de los ejércitos. Nuestra raza santa es hermosa porque nuestro corazón fue probado en el desierto. Nos levantamos como incienso perfumado para agradecer al Señor y dijimos una bendición sobre la mesa. Como está escrito con respecto al maná: "Por la mañana te hartarás de pan y sabrás que yo, el Señor, soy tu Dios". 19 Incluso mientras estábamos en la tierra de nuestros enemigos soportando nuestro castigo, el maná calmó nuestras garganta seca y marchita, 20mientras las enredaderas en flor de nuestros enemigos se extienden pesadamente por el suelo. Incluso sin templo ni altar, no se fabrican medicinas; la Torá del Señor con nosotros nos salvará de quebrantarnos. Marcados como estamos por nuestra circuncisión, flecos y afeitado, la comida en nuestra mesa nos ayudará a reconocer y recordar que debemos respetar Su grandeza. Bendigamos la mesa de Aquel cuya comida hemos comido. 21 No sucede lo mismo con los impíos, cuyos pecados les han valido un fuego inextinguible; 22su mesa yace ante ellos como fango. Al levantarse de mañana devoran la comida y no claman al Señor; sus corazones y sus ojos se elevan a lo que los deleita, pero hacia el de arriba ni la más mínima mirada. Tal es la sentencia de las naciones, que son una nación vil y necia llena de gente desprovista de sentido común. A diferencia de esas otras naciones es Jacob, porque bendecirá el sacrificio y luego lo comerá. 23 Todo su fruto también será reservado para júbilo delante del Señor; 24 retirará su mano derecha hasta que la bendición vuelva al 'palacio que está delante de mí'. 25Este es uno de los caminos de la sabiduría para mantener recto el corazón del hombre en la senda de las brillantes luces del Señor, para evitar que alguien se desvíe del servicio de su Dios; para que las tentaciones del placer no desvíen nuestro propósito de ser atraídos hacia Él, ni nuestros instintos pecaminosos nos seduzcan de servir a nuestro Creador, 26 de esperarlo a las puertas de Sus puertas. 27

10Normalmente, cuando las personas se reclinan en la mesa y se divierten comiendo y bebiendo, ¿no es la tentación exactamente lo que engaña a su instinto con su astuto poder para enorgullecer demasiado su naturaleza y enaltecer su corazón? Porque cuando coman estarán saciados, y cuando estén saciados serán malvados. Desecharán cualquier disciplina; sus gustos se apoderarán de sus sentidos y los tirarán de "las cuerdas de la falsedad". 28 No distinguirán entre lo sagrado y lo profano, ni entre lo barato y lo que no tiene precio; beberán y olvidarán cuál era el punto. Y así el profeta, el hijo de Beeri, cuando a los israelitas se enojó y gritó: "Cuando se saciaron, su corazón se enorgulleció y se olvidaron de mí". 29Y en la Torá está escrito: "[Cuando] tus rebaños y rebaños se hayan multiplicado, y tu plata y tu oro hayan aumentado, y todo lo que posees haya prosperado, tu corazón se enorgullecerá y te olvidarás del Señor tu Dios". 30

11Es bien sabido que la mayoría de los hijos de Adán tienen corazones dormidos y duermen; comen con la sangre y ellos mismos derraman sangre. 31 Como un buey que come paja, ellos comen su pan, y su alma está consumida y devastada, borracha del vino de la concupiscencia y no del vino del intelecto; su bebida se vuelve contra ellos. 32En su búsqueda de una estimulación más intensa de sus sentidos, sus almas están lejos del camino de la verdad. Hay algunos, tontos e ignorantes o caprichosos, que disfrutan sin bendecir o descuidan las bendiciones. Hay algunos necios que escupen el bien del mundo en sus vasijas; si beben de su cuenco, olvidarán el propósito de comer en sus mesas, y la luz de su calma se desvanecerá como un relámpago. Pero único es el que teme y se deleita en el Señor incluso con una cena de verduras. 33

12Y porque vi que así eran las cosas, como un despojado de conocimiento, un gusano triste y sin valor, un felpudo pisoteado, 34 mi corazón me obligó a escribir sobre esto brevemente en un libro, e incluir en él algunas palabras sagradas tan que podría estar en tu mesa, a tu mano derecha, para que leas en él todo lo que se requiere en tu comida. Y si a la hora de comer, este libro mío reafirma su fe, y según sus palabras, seguramente alcanzará el nivel de los piadosos que son perfectos en sus cualidades, que libran "las guerras por el Señor "y oponerse a todos sus deseos. 35Y porque es a través de mis labios que se expresan los temas de la mesa y sus requerimientos; el título "La tabla de los cuatro" es como creo que debería abordarse mi libro, y esto se debe a varias razones:

13La primera razón es porque la comida en una mesa es la causa del sustento del cuerpo, que está compuesto por cuatro elementos. Si uno faltaba o era más dominante que sus compañeros, una persona se enfermaba inmediatamente y no podía comer ni beber ni servir al Señor. El corazón se aterrorizaría y la mente se asustaría ante el vuelco del equilibrio de los órganos, que son el recipiente del alma. El alma no puede actuar sin su vasija. Si es así, entonces la mesa es la base de los cuatro elementos, y mantienen el cuerpo en pie tal como las cuatro varas en los cuatro anillos se usaban para sostener la mesa [en el Tabernáculo], razón por la cual las Escrituras dicen: "Por estas [las varas] se llevará la mesa ". 36

14La segunda es porque se nos ha ordenado santificarnos sobre la mesa con cuatro menciones escriturales diferentes de "santidad", 37 como lo interpretaron nuestros rabinos: 38 "'Ustedes se santificarán' - esto se refiere al lavado de manos antes de un comida; 'Serás santo' - esto se refiere al lavado de manos después de la comida; 'Para santo' - esto se refiere al aceite fragante; 39 y 'Yo soy el Señor', esto se refiere a la bendición ". Y de estas cuatro "santidades", dos son para la purificación del cuerpo y dos para la purificación del alma. Nuestras almas se complacen en el olor [del aceite] y se regocijan y se expanden, haciendo que nuestras almas sean capaces de bendecir al Santo Bendito Sea.

15La tercera es porque he dividido este libro en cuatro "puertas", que corresponden a las cuatro bendiciones en la gracia después de las comidas: tres de la Torá, una de las palabras de los escribas.

dieciséisY el cuarto es porque la mesa perfecta "que está delante del Señor" es el nivel superior donde se nutre el alma. Hay cuatro niveles superiores que, como los cuatro animales del "carro" entre los seres superiores, corresponden a los cuatro vientos del mundo ya los cuatro elementos de los seres de abajo en el mundo inferior. Estos niveles son el banquete intelectual que se llama "la vida del mundo por venir". Y nuestros rabinos antes que nosotros la llamaron "la mesa de tres patas", como se dice en el Talmud, Massekhet Ta'anit. 40 ¿Y por qué no la llamaron "la mesa de cuatro patas"? Era su forma de referirse a los tres patriarcas, y por eso decían "de tres patas"; y estaban ocultando el cuarto. Asimismo, Ezequiel ocultó el lugardel águila, como está escrito: "Cada uno de los cuatro tenía cara de águila"; no especificó cuál era su posición. 41 Y a partir de su ejemplo, nuestros sabios aprendieron a ocultar un cuarto implícito cuando simplemente dijeron: "Los patriarcas son de hecho el carro" 42 y "uno se refiere a los patriarcas sólo como tres". 43 Pero es bien sabido que ningún carro tiene menos de cuatro ruedas. Por esta razón un santo solía decir mientras recitaba la Amidá, "el Dios de David y Constructor de Jerusalén", mencionar en su oración todo el carro en toda su integridad. 44Y por eso llamo a este libro "Mesa de los Cuatro" para ese nivel donde nuestras almas están unidas: donde se nutren y disfrutan en el grado apropiado a su nivel. Esta es la mesa perfecta para el justo; completar el carro lo convierte en una mesa de cuatro, porque allí se esconden las almas de los patriarcas. Y en consecuencia, habiendo alcanzado este estado, el lugar donde están enterrados los vasos [de sus almas, es decir, sus cuerpos] se llama Kiryat Arba '("La Ciudad de los Cuatro"), es decir, Hebrón. 45Entonces, cuando una persona está comiendo y bebiendo en su mesa para saciar su alma y sostener su cuerpo con sus cuatro elementos, su mente debe deambular hacia arriba hacia la pura "mesa que está delante del Señor", es decir, los cuatro niveles que se ciernen sobre el alma refinada que merece a todos y cada uno según su nivel. No hay duda de que por esto, todas sus actividades corporales son contadas a una persona como si fueran intelectuales, que él mismo sea contado entre la élite, y su alma "esté atada al haz de la vida" 46 incluso mientras sigue vivo; apto para que el mundo entero sea creado por él. Como enseñaron nuestros rabinos z "l en un midrash:" 'Porque esto se aplica a toda la humanidad', 47 es decir, todo el mundo en su totalidad fue creado solo en conjunción con este hombre ". 48

17Estas son, pues, las cuatro puertas en las que se divide este libro:

18La primera puerta:

19Una explicación de las bendiciones que una persona está obligada a bendecir sobre la mesa, y las demás obligaciones de la mesa.

20

טעם הברכה הראשונה מהח 'והוא נט"י ,וסבת קריאתה נטילה והרמז בה לעשר ספירות ,ואיך באמצעות הברכה הזאת יצו הברכה הזאת יצו יוה

21[Explicando] la razón por la que el que responde "Amén" es mayor que el que da la bendición.

22

דין נוטל אדם ידיו שחרית ומתנה עליהם כל היום כלו איך ראוי שיובן:

23

טעם נטילה אחרונה .ולמה היה המזלזל בנטילת ידים נעקר מן העולם ולמה בא לידי עריות:

24

שלשה עשר דברים שיש בין מים ראשונים למים אחרונים ,וסימנם כה"ן ח"ן שע"ה מכפר"ת:

25

טעם היות כל הברכות בלשון נכח ונסתר:

26

טעם היות ברכת המוציא בנוסח הזה ומספר תיבותיה וכל דיניה:

27

טעם היות ברכת בפה"ג בנוסח הזה ,ומה שראוי שיתכוין האדם בעת שתיתו:

טעם היות כל הנהנה מן העוה"ז בלא ברכה כאלו מעל:

49

טעם למה תקנו ברכה בהנאת הד 'חושים ,ר"ל חוש הראות והשמע
והטעם והריח ,ובהנאת חוש המשוש לא תקנו:

50La segunda puerta:

51Una explicación de la naturaleza de la comida: qué es y
cómo una persona debe prepararse para el propósito
apropiado en la vida que se le exige.

52

איך ל 'אכילה תצדק על השחתת הדבר השפל והעליון.

53

באור איך להגוף צורך גדול לפרסם מעלת הנפש ושלמותה:

54

טעם הקרא הסכין מאכלת:

55

באור הכתוב ויחזו את האלהים ויאכלו וישתו:

56

טעם מניעת אכילה ביום הכפורים:

57

היות האדם ניכר בכוסו וההפסד הקורה לפורץ גדר השתיה ,וראיות
רבות על זה מהכתובים ומאמרי התלמוד:

58

באור תכלית הסעודות הנמצאות לצדיקים ומה היתה הכונה מהם,
כמרע"ה עם יתרו ,ומטעמי יצחק אע"ה:

59

טעם איסור הבשר לאדם הראשון והיתרו לנח:

60

באור אמרם עם הארץ אסור לאכול בשר:

61

באור איך בהיות המאכל והמשתה על הכונה הנרצית, יח הגוף חלקו והנפש דשנה רוה:

62La tercera puerta:

63Una explicación de la ética y la etiqueta con las que se requiere que una persona se comporte en la mesa.

64

שראו לו לאדם לדעת אצל מי מסב:

sesenta y cinco

טעם אמרם אין מכבדין בידים מזוהמות:

66

מי הוא הקודם במסבה:

67

זמן הנכון לאכילה:

68

צניעותו באכילה:

69

מאמרים רבים ונכבדים מעידים על זה:

70

הכבוד הראוי לנהוג בפה:

71

מה שראוי שיתנהג בו עם המסובין עמו:

72

הנהגת האורח עם בעה"ב וראיות מהכתובים ע"ז:

73

חיוב הנחת פאה בתבשיל:

74

באור מי הוא הקודם בברכת המזון:

75

פירוש נאה על אמרם וקדשתו לפתוח ראשון ולברך ראשון:

76

דברים רבים בפרטי הסעודה מיוסדים על פי התלמוד והלכות דרך ארץ:

77La cuarta puerta:

78Una explicación de la comida preparada para los justos en el futuro.

Puerta 1

1Una explicación de las bendiciones que una persona está obligada a bendecir sobre la mesa y las demás obligaciones de la mesa.

2Hay ocho bendiciones de mesa, y son: netilat yada'im [sobre el lavado de manos] , ha-motzi [sobre el pan], las cuatro bendiciones de birkat ha-mazon[gracia después de las comidas], y dos bendiciones por el vino (antes y después de la comida). El motivo de estos ocho tiene que ver con que la mesa se considera igual al altar del Templo. Así como el altar expía, también lo hace la mesa. Mira, cuando pones pan en la mesa para alimentar a los pobres, es como un sacrificio en el altar. Así como el incienso sobre el altar (que expiaba más que todos los sacrificios sobre el altar de bronce) estaba hecho de ocho clases de especias: cuatro en el aceite de la unción: mirra, canela, caña aromática y casia; y los cuatro en el incienso mismo que se especifican en la Escritura: stacte, onycha, gálbano e incienso— 1Se nos ordena decir ocho tipos diferentes de bendiciones sobre la mesa que les corresponde. La mayoría de las personas no toman esto en consideración ni prestan atención a este asunto. Pero es necesario que la persona se santifique en su mesa durante la comida con estas ocho bendiciones que corresponden a los ocho tipos de especias especificadas en la Torá, que solían estar en el Templo, para poder cumplir los mandamientos en su esencia. y dirigir la mente de uno en las bendiciones a sus fundamentos básicos.

3La primera bendición es al netilat yada'im - "sobre el lavado de manos". Nuestros rabinos z "l fijaron específicamente la forma de esta bendición con la palabra" netilah " , que literalmente significa " elevarse alto ", como se traduce en el Targum" entonces un espíritu me levantó [va-tise'ni] " 2 -" levantó me levanto "[va-nitaltni]. Estos dos verbos también se usan como sinónimos cuando está escrito "Él los resucitó y los levantó [va-yitlem va-yinas'em] todos los días de la antigüedad". 3Es necesario levantar las manos al decir esta bendición. Además, esto incluiría el punto de levantar las manos en oración, para concentrar la mente en ellos (es decir, los diez dedos de las manos) para ser santificados por ellos a partir de las diez sefirot . Es como alguien que levanta las manos hacia arriba para concentrarse en abrir la fuente de arriba, tirando y haciendo descender el flujo de energía divina. Esto es lo que la Escritura quiere decir cuando dice: "Busco tus mandamientos que amo". 4 Este versículo te enseña que en algunos de los mandamientos hay una impresión o imagen arriba, que una persona necesita, para poder seguirlos abajo, por lo que debes levantar tus manos hacia ellos arriba. Incluso aquí, encima de la mesa, cuando está comiendo, debe levantar las manos y levantarlas por encima.5 Debes concentrarte en las diez sefirot cuando levantas (o te lavas) antes de comer, e igualmente después de comer con el mayim aharonim [es decir, el lavado después de la comida]. La Escritura habla de esto cuando dice: "Levanten las manos hacia el santuario y bendigan al Señor". 6 Lo mismo ocurre con las diez cosas que se necesitan para una copa de bendición, según la costumbre de los del pasado. 7Todo esto es para insinuar que el propósito de concentrarnos en nuestra comida en la mesa es solo para que nuestro cuerpo se sostenga y pueda servir al Creador para que nuestra alma merezca estar entre "los diez", y que la luz brillante sea su comida y se cierne protectoramente sobre ella. Y sepa la verdad, que la estructura del cuerpo con diez dedos en las manos que se pueden levantar arriba y diez dedos abajo, con nuestro cuerpo en el medio, fue diseñada de esta manera, para que podamos visualizar la conexión entre el cielo y tierra. De la misma manera, nuestro cuerpo vincula nuestros diez dígitos superior e inferior. 8

4Y entienda que por esta razón la Torá describe la santificación de las manos y los pies de los sacerdotes, como dice la Escritura: "Se lavarán las manos y los pies para que no mueran". 9 Este lavado Targum Onkelos (que su memoria sea una bendición) se traduce con una palabra que connota santidad, aunque en los otros lugares donde está escrito "lavarán", se traduce "quitarán la suciedad de" [va- yes'hun], pero aquí lo tradujo "santificarán" [vayikadshun]. Esto es para explicar que el sacerdote solía santificar su mano y sus pies. Con su mano derecha para su pie derecho y su mano izquierda para su pie izquierdo, se concentraría en "los diez" y se santificaría a través de su santidad, y recurriría a la bendición de su bienaventuranza, y con este pensamiento en mente el sacerdote santificaría sus manos y pies en la palangana cuando se acercara al altar. Por eso la mesa se llama altar. Por esta razón ellos [los rabinos] fueron muy severos con el castigo para quien no se lava las manos a la ligera; será "desarraigado del mundo". 10La severidad de este castigo se debe a que lavarse las manos insinúa aquello de lo que depende el mundo entero. Así que quien menosprecie "levantar" las manos (para lavarse) provoca un lavado que destruye el mundo. Como se ha dicho, "lavar antes o ser alimentado con carne de cerdo; lavarse después o podría perderse una vida ". 11 Y esto también se dijo acerca de netilat yada'im : "quien menosprecie el lavado de manos, terminará siendo pobre". 12 La riqueza se acumula por el trabajo de las manos , por lo que está escrito, "en todo aquello a lo que extiendes tu mano ", 13 y las bendiciones están vinculadas a "los diez". Esto se insinúa en "seguramente apartarás una décima parte", 14 es decir, "de diez ['eser] para que te hagas rico [tit-'asher]. 15 Ellos probaron que 'osher - "riqueza" - que es un shibboleth ["una espiga de trigo" deletreada con una espinilla] es de ma'aser ["diezmo" deletreado con un pecado] que es un sibboleth [es decir, la letra shin en ma'aser se pronuncia como la letra samekh en " sibboleth " , para insinuar que la bendición y la riqueza están vinculadas a "las diez" (las diez sefirot). 16 Prueba de esto está en el birkat kohanim (el sacerdote) cuando levantan y extienden sus manos.17 Debe quedar claro de esto que cuanto más un mandamiento requiere este tipo de pensamiento dirigido anteriormente, mayor es el castigo por tomarlo a la ligera. Esto es como el tema de decir " Amén ". Tan grande como la recompensa de uno es por responder "Amén", el doble es el castigo por tomarlo a la ligera. Esto es lo que nuestros rabinos z"l enseñaron en un midrash:" Todo el que tenga cuidado de responder "Amén" en este mundo merece responder "Amén" en el mundo venidero ". David (la paz sea con él) dijo: "Bendito sea el Señor por siempre, amén y amén"; 18 'Amén' en este mundo y 'Amén' en el mundo venidero. Porque todos los que responden 'Amén' se merecen dos mundos: este mundo y el mundo venidero. 19Y en el Templo, cuando El Nombre de Dios se pronunció en voz alta como está escrito, no respondieron "Amén". Pero en los recintos del Templo donde no estaba permitido decirlo como está escrito, decían en voz alta "Amén" en lugar de El Nombre, porque la palabra " Amén " alude a las letras del Nombre. 20 Por lo tanto, mayor es el que dice "Amén" que el que hace la bendición usando un circunloquio para el nombre real de Dios. 21 Y todo el que se burle de decir "Amén", su castigo es doble en los círculos del infierno, es decir, el círculo llamado "una tierra cuya luz es oscuridad", 22que es el She'ol inferior. El profeta que habló de los que se burlan de responder "Amén" se refirió a esto cuando dijo: "Me han abandonado a mí, la Fuente de aguas vivas, y han cavado cisternas, cisternas rotas que ni siquiera pueden contener agua". 23 Pero quien contesta "Amén" con sus letras abre "la Fuente" y extrae el fluir de la bendición. Y en consecuencia, el versículo se refiere a aquellos que lo toman a la ligera cuando dice: "Les cavaron cisternas, cisternas rotas". Es decir, se les castiga con un doble castigo, uno peor que el otro. 24 Así aprendes que cuanto mayor es la recompensa por hacer algo, mayor es el castigo por no hacerlo. Ahora, justo después de lavarse y secarse las manos, debería comer, y entonces dijeron: "Justo después de lavarse las manos,ha-motzi '. 25

5Lavarse las manos, aunque no está ordenado explícitamente en la Torá, fue otorgado por nuestros rabinos z "l la autoridad de un versículo de la Torá, como está escrito," Si uno con secreción, sin haberse enjuagado las manos en agua , toca a otra persona ". 26 El rabino Elazar ben Arakh dijo que desde aquí nuestros rabinos z "l dieron la orden de lavarse las manos con la autoridad de la Torá. Lavarse las manos, ya sea antes de comer alimentos no consagrados o la ofrenda de terumah , se realiza hasta donde la articulación de la muñeca está conectada a la palma de la mano. 27 Todo lo que se aplica a la inmersión ritual también se aplica al lavado de manos. 28 Una persona que se lava las manos por la mañana puede establecer la condición de que cubra todo el día. 29Algunos han explicado que esto se aplica específicamente a una situación exigente, 30 mientras que otros dicen incluso cuando no es una situación exigente. 31 El que se lava las manos no debe comer hasta que se las haya secado, porque el que come sin secarse, es como si comiera pan inmundo, como está dicho: "Así comerá el pueblo de Israel su pan inmundo". 32 La palabra lahmam - "su pan" - es un acrónimo de lihot mayim - "mojado con agua". 33 Alguien que se lavase debe levantar las manos para que el agua no vuelva a correr por debajo de sus muñecas y vuelva a ensuciar sus manos. 34

6Hay una distinción entre lavarse antes (mayim rishonim) y lavarse después (mayim ahronim) de una comida en muchos detalles. Mayim rishonim requiere el esfuerzo de una persona, ya sea otra persona para verterlo sobre sus manos, o él mismo para verterlo con una mano sobre la otra. Ese no es el caso de mayim ahronim , para el cual no se requiere el esfuerzo de una persona para hacerlo fluir. Los mayim rishonim requieren levantar las manos de manera que no se vuelvan a bajar y se vuelvan impuras. Ese no es el caso de mayim ahronim, para lo cual se requiere bajar las manos para quitar la suciedad. Mayim rishonimrequieren secar con un paño, porque el secarlo es crucial hasta el punto de lavarse las manos; mayim ahronim no requiere un paño seco. 35 Los mayim rishonim requieren que no haya nada en las manos que las separe del agua, como cera, brea, harina o heces en las uñas. Para mayim ahronim, no importa en absoluto si hay o no algo que separa las manos del agua. Con mayim rishonim, las manos se pueden lavar con un recipiente o sobre el suelo. En otras palabras, no debemos preocuparnos si el agua cae al barco o al suelo. Con mayim ahronim, uno solo se lava con una vasija, ya que el agua tiene que caer dentro de la vasija y no al suelo. Con mayim rishonim, si uno se ha frotado las manos, tiene que hacer netilat yada'im de nuevo; con mayim ahronim no es necesario. 36 Con mayim rishonim, se recita la bendición " al netilat yada'im ". Con mayim ahronim, no hay bendición, excepto para alguien que dice birkat ha-mazon, quien dice la bendición " al rehitzat yada'im " ("concerniente al lavado de manos"). 37 Mayim rishonim requiere pausas; no debe verterse de una vez. Más bien, tomando sus manos, uno se lava y hace una pausa, y luego toma y se lava y se detiene nuevamente. 38 Pero el mayim ahronim se puede verter de una vez. Mayim rishonim requiere específicamente agua y no otros tipos de líquidos. Pero para mayim ahronim, incluso otros líquidos son aceptables, como el vino y la leche, ya que solo se usan para quitar la suciedad. Mayim rishonim requiere un recipiente (del cual verterlo), como está escrito sobre el lavabo de los sacerdotes: "de él"; 39 no se debe quitar ni frotar el agua de un río; para mayim ahronim, está permitido. Mayim rishonim llega hasta el perek ("la articulación") que es donde termina la mano, donde se unen los huesos de la mano y el brazo. Mayim ahronimse requieren solo hasta el borde de la mano donde terminan los dedos. Y hay quienes dicen que esta es la extensión que se requiere para mayim rishonim , el lugar donde terminan los dedos. Y que la extensión para mayim ahronim depende de la sección media de los dedos, ya que los mayim ahronim son solo para quitar la suciedad, y desde ese punto y más arriba es poco probable que la comida cocida se manche con ellos. Se requiere una cantidad específica para mayim rishonim , es decir, un cuarto de tronco , 40 pero los mayim ahronim no requieren una cantidad específica. Se puede extender el efecto de mayim rishonim estableciendo una condición, pero no se puede extender el efecto demayim ahronim con una enfermedad. 41 Un mnemónico para todas estas diferencias entre mayim rishonim y mayim ahronim es KoHe "N He" N Sha'A "H MiKaPeRe" T ("Para el sacerdote precioso, la hora expía"): K - Ko'ah adam (" por el poder humano "); H - Hag'ba'ah ("levantarse"); N- Niguv ("secar con un paño"); H- Hatzitzah ("nada separa"); N- Netilah bayn klay beyn 'al gabay karka' ("lavándose en un recipiente o en el suelo"); Sh: Shifshuf ("frotar"); 'A - ' Al netilat yada'im (la bendición 'al netilat yada'im); H - Hefsek("Pausa entre vertidos"); M - Mayim ("agua y nada más"); K - Klay ("vertido de un recipiente"); P- Perek ("hasta la articulación"); R - Registro de Revi'it ("un cuarto de registro "); y T- Tenai ("establecer una condición").

7¿Qué se aplica a esta bendición, al netilat yada'im, que está redactada tanto con el pronombre explícito de la segunda persona del singular "Tú" como con el pronombre "oculto" implícito en la tercera persona del singular en tiempo pasado, 42 es la regla para el resto de las bendiciones que se fijan según esta fórmula. Este es el secreto de las bendiciones, que "el mundo" es lo que "nos santificó por sus mandamientos", y lo bendecimos con la frase melekh ha-'olam - "Rey del mundo", y así lo encontrará en el Canción en el mar, " Adonai yimlokh le-'olam va'ed " - "YHWH será el Rey de 'olam para siempre". 43Y esto ha sido evocado por la expresión "YHWH será Rey", la palabra "mundo" y la palabra "por siempre". Esta es una referencia a los tres nombres de Dios en "Los Trece Atributos", que es evocado de manera similar por la expresión " Barukh YHWH ha-mevorakh le-'olam va'ed " - "Bendito sea el Señor a quien la bendición es debida como 'Mundo' para siempre ", 44 e igualmente en la oración" Aleynu le-shabe'ah "con la expresión:" Ante los Reyes de Reyes, Bendito sea el Santo, que extendió los cielos y estableció la tierra ". 45 Precisamente de esta manera se fijó y ordenó la redacción de las bendiciones. Pero para los expertos en el significado literal del texto, parece gramaticalmente inconsistente, ya que sería mejor decir, "nosotros a quienesUsted santificados y por Sus mandamientos Usted mandado ". 46 Sin embargo, hay muy buenas razones para que se exprese exactamente como es con su significado literal, a fin de fijar en el corazón que el Santo Bendito sea Él es revelado y escondido: 47 revelado con respecto a Sus caminos y comportamiento; escondido con respecto a Su esencia y Su mismísima identidad. Por lo tanto, encontrará que cuando Moisés Nuestro Maestro (la paz sea con él) le preguntó acerca de conocerlo (que sea Bendito) en cuanto a sus caminos, él le dijo: "Te ruego que me hagas saber tus caminos". 48 Él respondió: "Haré pasar todas mis bondades delante de ti". 49Pero cuando pidió conocerlo en lo que respecta a su propia personalidad, y le dijo: "Oh, déjame contemplar Tu Presencia", 50 Él respondió: "No puedes ver Mi rostro". 51 Le explicó estos dos caminos: que Él es revelado, y que es posible concebirlo en cuanto a Sus caminos y acciones; y que Él está oculto con respecto a Su personalidad, y no hay poder o dispositivo para concebirlo de esta manera. Y por lo tanto, aquí cuando decimos " Barukh Atah " - "Bendito seas " - con un participio presente [y el pronombre "Tú"], debemos enfocarnos en cómo Él (Bendito sea) se revela a través de Sus acciones. Y cuando seguimos hablando usando la tercera persona del singular (be-nistar), diciendo " asher kidshanu bi-mitzvotav ve-tzivanu"-" quien nos santificó por sus mandamientos y nos ordenó "- debemos enfocarnos en cómo Él (Bendito sea) está escondido e invisible para nuestro poder de concepción. Una analogía con esto es que el sol, que es uno de Sus sirvientes, 52 y del cual los seres humanos pueden concebir a través de sus acciones, como la forma en que trabaja en el mundo inferior con su calor sobre las especies, animales y plantas que hablan, ya través de su luz y calor. Y así está escrito, "nada escapa (nistar) a su calor". 53 Pero si al tratar de concebir el sol mismo, uno mira la luz misma, la luz de sus propios ojos se apagará, ¡y comprenda esto! Entonces, para insinuar que Él fue revelado y oculto, la Escritura ha dicho: "Y tus fieles te bendecirán" 54.es decir, "de esta manera te bendecirán:" revelado y oculto, y esto es lo que se quiere decir con " Hablarán de la majestad de tu reinado [kevod malkhutkha]", 55 usando el tiempo presente, para enseñar sobre Él siendo revelado. 56 Y decía: "para dar a conocer sus poderosos hechos entre los hombres", 57 para enseñar acerca de que Él está escondido.

8Y sabías que hay muchos otros detalles en las leyes de netilah , como el agua que gotea de un animal que bebe, el agua salada y el agua con la que un panadero se enjuaga las manos, y dos que han tomado de un animal. cuarto, y con una de las manos enjuagándose, la otra llevada a lavarse, lo que ellos llaman en el Talmud, Massakhet Gittin "manos limpias", y si a uno se le permite aceptar agua de un gentil o de una mujer menstruando, ya que hay los que han escrito que el agua no se acepta de un extranjero, y así en muchas otras cosas como esta. Y es la regla con las leyes de " ha-motzi"", E igualmente el resto de las bendiciones que vamos a discutir, y otras bendiciones de la mesa, para las cuales hay muchos otros detalles que he omitido y sobre los que no he escrito, pues si hubiera decidido escribir sobre estos detalles, el libro habría sido demasiado largo. Porque es mi intención hablar brevemente sobre las reglas generalmente conocidas. Aquellos que lo conocen sabrán los detalles que los acompañan.

9Una segunda bendición " Ha-motzi 'lehem min ha-aretz " proviene de las palabras de los escribas, que derivaron a fortiori : "Si quien ha saciado su hambre dice una bendición, tanto más debe hacerlo cuando está hambriento di una bendición ". 58 La explicación es que cuando uno ha saciado su hambre y ya ha disfrutado de las cosas santas del cielo, que hasta que no ha dicho una bendición le están prohibidas como si fueran hekdesh , tanto más cuando tiene hambre y está a punto de Disfrutar de las cosas sagradas del cielo debe decir una bendición antes de comerlas, para no ser castigado con tener que hacer una ofrenda de sacrilegio (korban me'ilah). 59Uno pensaría que uno debería decir " min ha-adamah " - "desde el suelo" en esta bendición, pero la expresión proviene de las Escrituras: " le-hotzi 'lehem min ha-'aretz ". 60 Y si discrepa con el significado preciso de la expresión " lehem " - "pan", encontrará que significa comida en general, como en "él [el rey Belsasar] dio un gran banquete [lehem], 61 desde el el pan en sí no es lo que sale de la tierra, sino el producto con el que hacen el pan. Y así encontrarás con el maná: "Haré llover pan [lehem] para ti del cielo". 62Es bien sabido que el pan no descendía del cielo, sino el maná con el que hacían el pan ", como se dice," lo hacían en tortas ". 63

10El que parta el pan cuando lo parta debe tomar el pan en sus dos manos con diez dedos por su amor por la bendición [sobre el pan]. Y así encontrarás diez palabras en la bendición " ha-motzi. "Y también el verso [del cual se deriva]:" Cultivas hierba para el ganado, hierba para que el hombre la trabaje y produzca el pan de la tierra ". 64 Y encontramos diez mitzvo t que se dieron con respecto a los productos: (1) "No ararás [con buey y asno juntos]"; (2) "No pondrás bozal [al buey mientras trilla]"; 65 (3) terumahpara el sacerdote; (4) el primer diezmo para el levita; (5) el diezmo del diezmo que el levita da al sacerdote; (6) el segundo diezmo; (7) el diezmo para los pobres; (8) espigar; (9) "la gavilla olvidada"; y (10) dejar los rincones del campo para los pobres.

11Y sepa que el participio " ha-motzi " implica tanto acción pasada como futura. Por ejemplo, "quien te saca [ha-motzi '] de la tierra de Egipto" 66 tiene un sentido futuro. Alude al mismo tiempo sobre el cual nuestros rabinos z "l enseñaron este midrash:" En el futuro, la tierra de Israel producirá tortas [totzi '] y finas ropas de lana, como se dice,' Que aparezca una rebanada de grano en la tierra.' 67 Y aludimos en la bendición ' ha-motzi'"Al tiempo futuro cuando nuestro alimento aparecerá sin esfuerzo y trabajo, y la tierra producirá pan real como el pan que comemos y sobre el cual decimos la bendición. Porque así se habría comportado el mundo en el tiempo de Adán si la tierra no hubiera sido maldita a causa de su pecado, como dice: "Maldita la tierra por tu culpa". 68 Y en el futuro, cuando el pecado haya sido expiado, el mundo volverá a la forma en que se supone que debe ser.

12Y cuando uno está partiendo el pan, termina la bendición y luego lo parte. Esto es por respeto a un rey. Y en consecuencia, es necesario anteponer agradar al Santo Bendito sea antes de agradar a un rey de carne y hueso o agradarse a sí mismo, como está dicho: "Teme al Señor, hijo mío, y al rey". 69 Y al que parte el pan antes de bendecir o antes de que termine la bendición, se le llama glotón. Acerca de él se dice, "el hombre codicioso [botze'a '] injurió [barekh] y despreció al Señor", 70 es decir, se quiebra y luego dice la bendición, y así "ha despreciado al Señor".

13El jefe de la casa parte el pan para demostrar que es generoso con todo lo que tiene. 71 Y el invitado dirige la bendición después de la comida para bendecir al jefe de la casa. El que parte el pan es el primero en extender la mano hacia el plato común para servir. Y si quiere mostrar respeto por su maestro o alguien más grande que él en sabiduría, es su elección. Y cuando rompa un trozo del pan, debe partir un trozo del lado del pan que esté mejor horneado, porque esta es una de las mitzvot más escogidas para evocar el nombre del cielo sobre ella, como se dice sobre el ofrenda de cereal [minhah] del sacerdote: " Ofrézcalo como ofrenda de las mejores piezas horneadas", 72 para lo cual el Tratado Zevahimdijo, "la palabra tofini sería la mejor parte horneada". 73

14Si alguien ha dicho la bendición " hamotzi " y tiene una conversación en el ínterin antes de comer, dice la bendición de nuevo. Pero si la conversación es solo algo que tiene que ver con la mesa, como "tómalo y di la bendición", o "pásame la sal o disfruta", o incluso "mezcla un poco de papilla para mi buey", no tiene que hacerlo. repite la bendición, ya que se requiere que una persona dé alimento a su ganado primero, y después coma, como se dice, "Yo daré pasto en tus campos para tu ganado" y luego "comerás hasta hartarse". 74Por tanto, es algo que tiene que ver con la mesa y no cuenta como ruptura. Es como si alguien matara cien pollos. Si habla entre una matanza y otra para decir "pásame algunos otros", tiene que ver con la matanza, y no cuenta como ruptura.

15La persona que parte el pan no puede probarlo hasta que los que respondieron " Amén " terminaron de decir, o al menos hasta que la mayoría haya respondido. 75 Dicho esto, tampoco deben extender su "Amén"; quien se demore en decir " Amén ", se equivoca. 76 Y los comensales no pueden probar el pan hasta que la persona que hace la bendición lo haya probado. 77 Si alguien ha comido y se ha olvidado de decir " ha-motzi", vuelve y dice la bendición, siempre que no haya terminado de comer. Pero si ha terminado su comida, no dice la bendición porque lo que terminó se acabó. 78

dieciséisUna tercera bendición es " boray peri ha-gafen " - "Quién creó el fruto de la vid". No se puede decir que bendecir el pan exime a uno de decirlo, porque el vino "da" una bendición a sí mismo. 79 Parecería preferible que dijéramos " boray peri ha-etz " - "Quién creó el fruto del árbol" - pero debido al alto estatus del vino, especificaron el nombre del árbol, es decir, "la vid "[Ha-gafen]. Porque si no hubieran querido especificar el nombre "la vid" debido a la importancia del vino, podrían haber fijado la bendición de decir " boray peri ha-anavim"-" Quién creó el fruto de las uvas "porque las uvas mismas son el fruto de la vid, y el vino es el fruto que proviene de la uva, así como el aceite es el fruto que proviene de las aceitunas. En consecuencia, fijaron la bendición " boray peri ha-gafen " aunque, en verdad, las uvas son el fruto de la vid, aún así, la bebida que se prensa de las uvas es el fruto de las mismas uvas, y esto se debe a que se considera más importante que las uvas, así como el aceite se considera más importante que las aceitunas. Y los tosafistas z "l iban y venían mucho sobre este tema, y demostraron que el vino no se llama" fruta ", como se enseña en Massekhet Bikkurim : 80"'Del primero de todos los frutos de la tierra:' el fruto que traes como ofrenda de primer fruto, y no traes bebidas como ofrenda de primer fruto; por tanto, el vino no es fruto ". Sin embargo, volvieron a plantear estos asuntos al final, y dijeron que el vino es llamado "fruto" por gezerah shavah, 81 ya que en otro contexto, la palabra "fruto", es decir, "fruto de orlah " 82 se refiere al vino, en Massekhet Orlah : 83 "Ellos absorben los cuarenta debido a orlahsólo por lo que sale de las uvas y las aceitunas, a saber, vino y aceite ". Y escuche de esto que así como con respecto al vino de orlah se le llama "fruto", también con respecto a las bendiciones se le llama "fruto". Las bebidas que provienen de ellos son como ellos. Y entonces de esto se debe decir la bendición sobre el vino con la expresión " boray peri ha-gafen " , y así especificar el nombre " gafen " diciendo " peri ha-gafen ". Y así, nuestros sabios nos lo explicaron cuando dijeron en Massekhet Berakhot: "¿De dónde sacamos que solo dices una canción sobre el vino, como se dice?" Pero la vid respondió: "¿He dejado de ceder mi vino nuevo que alegra a Dios y a los hombres? " 84Si alegra a los hombres, ¿cómo alegra a Dios? De aquí se obtiene que solo se dice una canción sobre el vino. 85 Y así se planteó una objeción entre los tosafistas: "Pero seguramente es por varias cosas que decimos Hallel, como cuando vinieron de la batalla, como se dice de Josafat en el Libro de Crónicas, 86 o el 14 de Nisán , cuando sacrificaron el cordero pascual! " Respondieron y explicaron así: "¿De dónde sacamos que se dice una canción sobre nada que tenga que ver con el altar del sacrificio, como el arrojar sangre, la quema de incienso, la libación de agua, y el resto de actividades? del altar - excepto por la libación de vino, como se dice, 'Pero la vid les respondió:' ¿He dejado de dar mi vino nuevo [tiroshi]? '87 Y dijeron en la Agadá: "Novecientos veintiséis tipos de uvas fueron creadas en el mundo, el equivalente numérico de las letras de la palabra tiroshi -" mi vino nuevo ", pero todas ellas fueron afectadas cuando Adán pecó, y solo nos queda uno. " 88 El estatus de la vid se realza aún más en la forma en que los profetas siempre comparaban la comunidad de Israel con una vid, y esto es lo que la Escritura quiso decir cuando dijo: "Arrancaste una vid de Egipto". 89Y hay otras razones más importantes, pero no es necesario profundizar en ellas aquí. Sepa que el propósito de beber vino humano debe ser solo al servicio de la comida por razones de salud únicamente, de modo que la comida y la bebida se mezclen internamente de manera moderada, y que uno dirija la forma en que conduce su bebida para superar su hambre y sed.

17Si les llega vino en medio de una comida, cada uno dice la bendición por sí mismo, ya que la garganta no puede estar vacía (cuando llega), pero después de la comida, una persona dice la bendición para todos. 90 La explicación: la garganta puede no estar vacía porque todos los comensales están involucrados en la comida y algunos pueden no escuchar la bendición, o estar prestando atención o escuchando. Así es como lo explicó Rashi z "l. Entonces, según esta lógica, si todos dejaran de comer y escucharan, una persona podría decir la bendición por sí misma. Y hay alguien que explicó que incluso si estuvieran escuchando y cada uno diga la bendición por sí mismo, porque no pueden responder "Amén", ya que cualquiera que estuviera masticando algo en la boca podría tragarse algo por la tubería equivocada. 91Y este es el punto de vista del Talmud de Jerusalén, donde su versión dice: "'La garganta no puede estar vacía'. El rabino Muna dijo: "Si alguien estornuda durante la comida, está prohibido decirle ' asuta", 92 ya que eso podría poner en peligro su vida ". 93

18Si se cambia el vino, se debe decir una bendición, porque aunque ya ha dicho " boray peri ha-gafen " cuando estaba a punto de beber al principio, se le pide que diga una bendición por este cambio de vino, y esta es la bendición " ha-tov ve-ha-metiv. " 94 Entonces, ¿por qué dijeron esto por un cambio de un vino, y no por un cambio de pan u otras cosas? Por muchas razones: (1) El componente crucial para regocijarse en una comida no es otro que el vino. El camino de los reyes es cambiar su vino, pero no su pan, y el pueblo de Israel son "los hijos de reyes". 95(2) Cada mesa a la que traen vino tras vino es una expresión de la multiplicación del gozo, pero una persona no debe multiplicar demasiado su gozo en este mundo, como se dice: "Nuestra boca se llenará de risa, nuestra lenguas con cánticos de alegría. Dirán entre las naciones: '¡El Señor ha hecho grandes cosas por ellos!' " 96 Nuestros rabinos enseñaron en un midrash, 97 " ¿Cuándo 'se llenará de risa nuestra boca'? Cuando las naciones (es decir, los gentiles) digan: "El Señor ha hecho grandes cosas por ellos". Otro versículo completa este pensamiento: "Se regocijarán con temblor". 98 Dijeron: "En un lugar de regocijo habrá temblor". La explicación es que incluso en un lugar donde hay regocijo y alegría por hacer una mitzváAllí es necesario que haya también algún temblor para recordar cómo el mundo está sujeto a la inclinación al mal y es sacudido por ella, para que no sea sacudido por nuestra alegría. Por lo tanto, es costumbre en algunas comunidades judías en las celebraciones del ciclo de vida y las comidas que celebran una mitzvá romper allí una vasija de vidrio o "jarras de uvas" 99 para entristecer a los que se regocijan, de modo que la simha se mezcle un poco con temblores. Y no hay mayor simhah que el regocijo de Israel al recibir la Torá [Simhat Ha-Torá] en el monte Sinaí, en presencia del Santo, sobre el cual está escrito "como la danza de Mahanayim", 100 sin embargo, sabéis que incluso allí se rompieron las tablas del pacto. Y si pensaras mucho y alzaras los ojos a "desde que Dios creó a los seres humanos en la tierra" 101 , encontrarás en el Santo Bendito sea Su gozo ilimitado: "Que la gloria del Señor sea para siempre; ¡que el Señor se regocije en sus obras! " 102 Pero su alegría tiene un límite con respecto al género humano, "porque él también es carne". 103 Eso es lo que está escrito sobre Él cuando dice: "Y el Señor se arrepintió de haber hecho al hombre en la tierra, y se entristeció su corazón". 104 Incluso en el Mishkán, que era un microcosmos del mundo, en el octavo día del servicio asignado a los sacerdotes, que era el día de la Luna Nueva para el mes de Nisán, ese mismo día no había nada parecido en su grado. de alegría, su intensidad se multiplicó por diez, a lo que nuestros sabios z "l se refirieron cuando dijeron:" En ese mismo día obtuvieron diez coronas " 105 - ya sabías lo que sucedió, y con qué fin llegó esa alegría. En ese mismo día murieron Nadab y Abiú, como los cuales, después de Moisés y Aarón, no hubo ninguno entre los israelitas que se pudiera comparar. Y esto es lo que las Escrituras quieren decir cuando dicen: "Entonces Moisés y Aarón, Nadab y Abiú y setenta ancianos de Israel subieron". 106 Y vea también lo que dice Eclesiastés sobre la alegría de este mundo: "De juerga dije: '¡Es una locura!' De alegría (simhah), '¿De qué sirve eso?' " 107 Y la explicación de esta afirmación es que debido a que la alegría y la tristeza son hermanos unidos entre sí como el día está unido a la noche, así como una persona está segura de que en el día llegará la noche. después de él, y tan seguro de que por la noche vendrá el día después, así está seguro de que el gozo vendrá después del dolor, y también el dolor tras el gozo. Y entonces dijo: "El corazón puede doler incluso en la risa, y el gozo puede terminar en dolor", 108 para explicar sobre el dolor tras el gozo, y dijo: "De todo dolor hay algo de ganancia", 109 para explicar sobre el gozo tras el gozo. tristeza. De esto aprendes que el gozo de este mundo nunca puede ser completo, sino que cualquier bien y contentamiento con él es "inútil y persecución del viento" 110.toda gloria en él es de burla, 111 su "gloriosa belleza no es más que flores marchitas. 112 Porque justo en el momento en que las esperanzas de una persona son más altas en medio de la alegría, se detiene, se apaga y desaparece. Por esta razón dictaminaron que la bendición sobre un cambio de vino debe ser " ha-tov ve-ha-metiv" ("Quién es bueno y quién hace el bien"), la misma bendición que agregaron a la gracia después de las comidas para recordar el mártires de Beitar cuando se les permitió enterrarlos. 113 La explicación: Ha-tov - "¿Quién es bueno" - porque no dejó que los cuerpos se pudrieran; ha-metiv - "Quién hizo el bien" - dejando que los cuerpos fueran enterrados. 114Y todo esto es para hacer que los seres humanos sientan tristeza, al estar hechos de arcilla, compuestos de elementos naturales que son cadáveres, hundidos en los deseos de nuestros sentidos, para que regresemos de un exceso de alegría al camino medio.

19Y otra razón por la que dictaminaron que Ha-tov ve-ha-metiv debería ser la bendición para un cambio de vino, es que el vino es una bebida que proviene de las uvas que están en un viñedo, y nuestros sabios z "l ya dijeron" Siete años nuestros enemigos abonaron sus viñedos con la sangre de los mártires de Beitar ". 115 Así que por esa razón dictaminaron que Ha-tov ve-ha-metiv debería ser la bendición para un cambio de vino. Y debe saber que es el camino de la Torá que se le pida a una persona que refrene su comida y bebida, y que así se cuide la boca. Es por eso que la Torá especifica qué alimentos están permitidos y prohibidos, y luego los conecta con la amonestación: "Serás santo", 116es decir, sean ascéticos y se abstengan incluso de aquellos alimentos que son puros y permitidos, porque si uno no se refrena de los alimentos permitidos que son demasiado agradables para él, se convertirá en uno de los que "se atiborran de carne y beber vino ". 117 De esto se profana a sí mismo y a sus buenas cualidades, y si un talmid hakham—Un "discípulo de los sabios" - profana su Torá. Y ya nuestros rabinos nos enseñaron cómo debe comportarse una persona cuando está bebiendo: debe tomar un sorbo del vino y dejar que permanezca en su garganta, y con esto quedar satisfecho. Y trajeron la prueba del altar donde solían cerrar los pozos, que eran agujeros debajo de la parte hueca del altar desde donde las libaciones fluían hacia la parte vacía, para que el vino se quedara en el altar, que es de lo que estaban hablando en el capítulo " Lulav y Willow": 118 "Resh Lakish dijo:" En el momento en que derramaron la libación de vino en Sucot en la parte superior del altar, taponaron los pozos, como se dice " para ser derramado en el recinto sagrado como ofrenda de bebida fermentada al Señor "; 119'Bebida fermentada' (shekhar) porque connota "alegría", "satisfacción" e "intoxicación". Raba respondió: 'Escuche de esto que el vino satisface a una persona; en su garganta lo satisface ', lo que significa que si deja que permanezca en su garganta, estará satisfecho, porque así solían dejar que el vino permaneciera en el altar. Y dijeron en el tratado Yoma: 120 "Cualquiera que dé un trago de vino a un talmid hakham , es como si estuvieran haciendo sacrificios de libación en el altar, como está dicho, 'Oh hombres (' ishim), yo los llamo, '"Y, por lo tanto," ishim " se interpreta midráshicamente para connotar tanto" jarra de vino "como en la palabra"' ashishah " y" sacrificio ", como en la expresión" isheh la-Shem"-" ofrenda encendida al Señor ". 121

20Las cosas que vienen durante la comida para la comida como pescado, sal, etc., aunque se las coma sin un trozo de pan, como lo que viene como plato principal de la comida, no requieren ninguna bendición, porque el pan (y la bendición dicha) los exime. 122 Las cosas que vienen durante la comida que no son para la comida, como los higos y las uvas que no vienen como parte del plato principal, requieren una bendición antes de comerlas, pero no una después. 123Pero si uno viene a sazonar el pan con higos o uvas, entonces es parte del plato principal, y no requieren bendición, ni antes ni después, porque el pan los exime. Pero si vienen como postre después de que termina la comida propiamente dicha, requieren una bendición antes, incluso si uno los come con pan, pero no después de ellos, porque birkat ha-mazon los exime.

21Y en el tratado Yoma, en el capítulo "El designado" 124 , decían: "Es halajá en una comida, que una persona que sale del comedor para orinar se lava una mano y vuelve a entrar. Pero si hablaba con su compañero [mientras estaba fuera], 125 se lava las dos manos y regresa, no se lava afuera, sino adentro, regresa y se sienta en su lugar en la mesa, y vuelve la cara hacia sus compañeros invitados. 126 Rav Hisda dijo: "Querían decir esto solo para alguien que regresa a beber, pero si regresa a comer, se lava afuera y vuelve a entrar. Se sabe que tiene una delicada sensibilidad ante tales cosas. 127

22Si uno estaba reclinado y comiendo en la mesa, y llegó la hora de la minhah , si no hay tiempo suficiente para esperar antes de que sea demasiado tarde, interrumpe su comida y reza. Pero si hay tiempo suficiente para esperar, termina su comida y luego reza. 128 Y del mismo modo, si durante la

fiesta de Sucot se olvidó de agitar el lulav y está de pie
sobre su mesa, si hay suficiente tiempo en el día para
esperar, termina su comida y luego la agita, pero si no hay
tiempo suficiente en el día para esperar. tiempo suficiente
en el día para esperar, interrumpe su comida y agita el lulav
. 129

23Si uno ha terminado de comer, aún debe prolongar su
tiempo en la mesa. Y entonces nuestros rabinos z "l
dijeron:" Quien prolonga su tiempo en la mesa, sus días y
años se prolongan para él ". 130 Y la razón detrás de esta
declaración es que la mesa de la casa es como el altar del
templo. Así como un altar expía, así también expía una
mesa cuando se alimenta a los pobres con ella. Entonces, al
prolongar el tiempo en la mesa, es más probable que venga
una persona pobre y le dé un trozo de comida para que se
le provea. 131 Y su prolongación de su tiempo en la mesa
con esta intención conduce a la tzedaká sobre la cual está
escrito, "por medio de la tzedaká cobra vida"; 132así se
prolongan sus días y años para él. Y dijeron en el tratado
Berakhot: "'Un altar de madera de tres codos de alto y dos
codos de largo, con ribete; y su longitud y sus muros eran
de madera. Y me dijo: Esta es la mesa delante del Señor.
133 Este versículo comienza con un 'altar' y termina con
una 'mesa', lo que significa nada menos que eso, así como
un altar expía, así una mesa expía ". 134 De hecho, hemos
escuchado con nuestros propios oídos, y muchos nos lo han
dicho, 135que entre los principales sabios de la Provenza, y
la gente que poseía y administraba posadas, practicaban
una costumbre especialmente honorable, que prevaleció
entre ellos desde los primeros días. Sus mesas, sobre las
que alimentan a los pobres, cuando era el momento de ir al
cementerio, se convirtieron en ataúdes y losas con las que
fueron enterrados. Y todo esto es para despertar y fijar en
sus corazones, que la humanidad, aunque llegue a la punta

de las nubes 136 y su riqueza crezca tan alto como la riqueza del rey Salomón, no se llevará nada con ellos, nada de todo lo que trabajaron. porque bajo el sol, 137 excepto el bien que hacen y la tzedaká que con compasión otorgan a los pobres, tal como dice: "Tu justicia [tzidkekha] marchará delante de ti ". 138

24Y, por lo tanto, uno necesita decir palabras de la Torá sobre la mesa, porque aunque uno ha dicho todas las bendiciones que debe decir, y eventualmente concluirá con birkat ha-mazon , decir birkat ha-mazon no lo eximirá de su requisito. a menos que diga palabras de la Torá. Y entonces nuestros rabinos dijeron: "Cada mesa sobre la cual comieron y dijeron palabras de la Torá, es como si comieran de la mesa de Dios [Makom], como está dicho, 'Él me dijo: Esta es la mesa de delante el Señor '", 139 es decir, cuando hablaron sobre ella palabras de la Torá, entonces " esta mesa está delante del Señor ". 140"Y toda mesa sobre la que comieron y no dijeron sobre ella palabras de la Torá, es como si comieran de los sacrificios de los muertos. Como se dice, "Porque todas las mesas estaban llenas de vómito, no hay lugar [bli Makom] sin excrementos", 141 es decir, las palabras de Makom , es decir, Dios, no se mencionan allí. 142 Y todo esto es para enseñarte que la humanidad [adam] no fue creada para comer y beber, sino para participar en la Torá. Porque esto es lo que la Escritura quiere decir cuando dice: "Porque el hombre [adam] nació para el trabajo [' amal]". 143 Nuestros sabios interpretaron esto en un midrash: 144"'Porque el hombre nació para trabajar', no sé si esto es trabajar con la boca o si es trabajar duro en la Torá. Cuando la Escritura dice: "El apetito de un Trabajador ['Amel] fatigas [' amlah] para él, ya que su boca lo anhela," 145 trabajo por la boca que se está hablando acerca. Pero así es exactamente como cumplo "Porque el hombre nació para trabajar" cuando se refiere a trabajar duro en la Torá, así que digo que significa "para trabajar duro en la Torá nació". 146 Y así dijeron en otro midrash: Así como en la Creación, Él creó animales domésticos y salvajes, pájaros, reptiles y enjambres, y después de eso creó a Adán, como se dice: "Y Dios creó a Adán a su imagen", 147 así que estaba escrito en la Torá "Esto comerás" y "esto no comerás",148 y después de eso, nació Adán. Es por eso que las Escrituras conectan esta parashá ("Shemini") con la siguiente que comienza "Cuando una mujer al dar a luz da a luz a un varón", 149 para decir que es para trabajar en la Torá que nació. Y así, inmediatamente después de eso, está escrito: "Al octavo día se circuncidará la carne de su prepucio", 150 enseñando que incluso antes de que fuera formado, la Torá y los mandamientos lo rodeaban, y después nació. Esto es lo que quiso decir cuando dijo: "Cuando una mujer da a luz a un varón" 151 - que el Santo Bendito sea Él impuso mandamientos antes y después de él, y él está en el medio. 152 Esto es lo que quiso decir cuando dijo: "Porque el hombre nació para el trabajo" 153- que para trabajar en la Torá nació.

25Ya sabías por "La sabiduría de la formación" 154 que un ser humano tiene siete aberturas: dos orejas, dos fosas nasales, dos ojos y la séptima es la boca. Y los "séptimos" son los que el Santo Bendito sea Él ha "elegido". Él creó los cielos y eligió el séptimo, que es " aravot " ("desiertos"), 155 como se dice, "Levanta una carretera para Aquel que cabalga por los desiertos [aravot]". 156 Creó siete días de la semana y eligió el séptimo día, que es Shabat, como dice: "Los días fueron formados, y para Él había uno entre ellos". 157Creó siete climas y eligió el séptimo, que es la tierra de Israel, como se dice: "Porque el Señor ha elegido a Sion". 158 Y medite bien en este versículo: "Los cananeos estaban entonces en la tierra". 159 El significado secreto del versículo es "y un cinto le da al comerciante [la-kana'ani - 'al cananeo']" 160 - se pone un cinto en el medio del cuerpo. 161 Hizo siete aberturas en la cabeza y eligió la séptima, que es la boca. Y es bien sabido que no lo eligió porque come y bebe, sino por la Torá y la mitzvá.para bendecir Su Nombre y declarar Su alabanza, así como los cielos y sus huestes declaran Su gloria, como dice: "Los cielos cuentan la gloria de Dios, el cielo proclama Su obra". 162 Y así está escrito: "Este pueblo lo formé para mí, para que declare mi alabanza". 163 Es obvio que todo lo que el Santo Bendito sea Él creó en el mundo, lo creó solo para Su gloria, y por eso el profeta proclamó: "Todo el que es llamado por Mi Nombre, Yo creé para Mi gloria" 164 y está escrito, "El Señor hizo todo con un propósito - le-ma'anehu " , para alabarlo, como en la expresión, "Y Miriam cantó - ve-ta'an - para ellos". 165 Entonces, si todo fue creado para alabarlo, no hace falta decir que la boca, que es el instrumento particular para alabarlo, fue creada para nada menos que para eso.

26Si alguien está a punto de decir birkat ha-mazon , primero debe lavarse las manos y luego decir la bendición " al rehitzat yada'im; "Este lavado es una obligación. Y entonces dijeron: " Mayim rishonim es una mitzvá , mayim ahronim una obligación (hovah), lavarse durante la comida es opcional". 166 Y cuando dijeron "durante la comida", querían decir que es opcional entre un plato cocido y otro. Pero entre un plato cocido y queso, es una obligación. 167

27Rav Hisda dijo, "si alguien ha comido carne, se le prohíbe comer queso, pero si primero comió queso, se le permite comer carne, 168 y la opinión de Rav Hisda es la opinión aceptada. 169 Pero seguramente dijo: "Tiene prohibido comer queso hasta otra comida". De hecho, durante todo un día es una práctica más estricta, y así fue cuando la práctica de Mar Ukba era esperar solo hasta la próxima comida. Porque Mar Ukba dijo: "Yo soy en este asunto como ' Hametz, el hijo del vino', porque si mi padre comiera carne, sería fastidioso y no comería queso hasta la misma hora del día siguiente. Pero aunque no lo comeré en la misma comida, lo comeré en la próxima comida. 170Y la costumbre del padre de Mar Ukba de esperar un día entero es muy estricta, por lo que seguimos la práctica de Mar Ukba, a pesar de que dijo: "Soy en este asunto como Hametz, el hijo de Wine". Por eso, es nuestra práctica esperar hasta la próxima comida. Por lo tanto, no es suficiente limpiarse la boca o lavarse las manos, ya que la carne no se digiere después de la primera comida durante al menos seis horas, y la carne atrapada entre los dientes sigue siendo carne, como se dice: la carne todavía estaba entre sus dientes ". 171Pero si uno come queso, se le permite comer carne sin demora alguna. Solo tiene que limpiarse la boca ya sea de día o de noche, y lavarse las manos si es de noche, pero no si es de día, ni importa si es caza o carne de un animal domesticado. 172 Las aves de corral y el queso se comen "como un epicúreo", 173 que encontré en la explicación del Arukh que significa sin limpiarse la boca o lavarse las manos, ya sea de día o de noche. 174 La razón dada fue que los mayim ahronim son una obligación, porque una persona come sal después de su comida, que contiene sal sodomita que ciega los ojos, incluso un grano en un kor de sal regular, 175aunque no se requiere ninguna bendición, excepto para alguien que dice una bendición por lavarse las manos sucias. Porque así como un sacerdote contaminado no era apto para el servicio del templo, alguien cuyas manos están contaminadas no es apto para pronunciar una bendición. ¿Qué significa estar "contaminado"? Cualquier cosa que no sea apta para ser llevada cerca del altar, como un animal o pájaros, pero cualquier cosa que sea apta no requiere lavado, ya que no es algo que esté contaminado. Sin embargo, hay algunos entre los grandes maestros que opinan que cualquier cosa puede contaminarse.

28Inmediatamente después de lavarse las manos viene la bendición, en otras palabras, quien se haya lavado las manos por mayim ahronim debe decir birkat ha-mazon inmediatamente. 176Y así también encontrará en el Talmud de Jerusalén: "El rabino Zeira dijo en nombre del rabino Abba: 'Hay tres pares de cosas que deben hacerse en sucesión inmediata: la oración de las 18 bendiciones debe seguir a la bendición para la redención sin una pausa, la matanza kosher tiene que seguir a la imposición de manos sin pausa, y la bendición tiene que seguir al lavado de manos sin pausa. La oración de las 18 bendiciones debe seguir a la bendición de la redención sin interrupción, como se dice: "El Señor es mi Roca y mi Redentor", a lo que de inmediato se conecta: "Que el Señor te responda en tiempos de angustia". 177 La matanza kosher tiene que seguir a la imposición de manos sin interrupción, como se dice, "Él pondrá la mano ... Él matará". 178 La bendición tiene que seguirnetilat yada'im sin descanso, como se dice: "Levanten las manos hacia el santuario y bendigan al Señor". 179 Rabí Yosi, hijo de Rabí Abin, dijo: 'Todo el que conecta ge'ulah con tefilá sin interrupción, Satanás no puede acusarlo durante todo el día; y todo el que conecta la bendición con netilat yada'im sin interrupción, Satanás no puede acusarlo durante esa comida. Y de la misma manera, todo el que pone la mano y mata sin descanso, no habrá nada de inválido en ese sacrificio ". Eso dice el Talmud de Jerusalén. 180

29Hay que tener cuidado cuando está a punto de decir birkat ha-mazon de no dejar la mesa sin pan encima, como decían en el tratado del Sanedrín: 181 "Quien no deja pan en la mesa, sobre él dice la Escritura: ' Sin remanente para que él coma, su bondad no se apoderará ". 182La razón de esta práctica es que la bendición de la que se dijo esto se arraigue; porque si no queda nada, ¿en qué se apodera la bendición, porque ninguna bendición se apodera de nada, sino sólo de algo? Y la mesa del santuario, que nunca estuvo sin pan, lo atestigua. Y ese pan fue comido por los sacerdotes que ministraban en el santuario, y solo un poco de él fue suficiente para alimentar a muchos de ellos, por lo que nuestros rabinos dijeron: "Todo sacerdote que se acercaba a él se hacía doblemente feliz", 183 y a través de esto mismo pan en la mesa descendía la bendición y se esparcía en la comida del mundo, del pan de la proposición, a modo de "algo de algo" y no algo de la nada. Porque incluso los profetas que eran "capaces de servir en el palacio real" 184no eran capaces de producir algo de la nada, sino solo algo de algo. Permítanme llamar por mí mismo testigos confiables: 185 Elías y Eliseo, el primero a través de "harina en un frasco", 186 el segundo "una jarra de aceite" - todo era "algo de algo", porque nadie tiene el poder de hacer algo de nada más que del Santo Bendito sea Él, Formador de la creación que Él creó de la nada, y con todo debido respeto por Él, encontramos que incluso Él solo lo hizo en los seis días de la creación del mundo. Desde entonces hasta ahora, todo es "algo de algo". Y así está escrito, "lo que Dios creó e hizo". 187La explicación: "que Dios creó" - algo de la nada; "Y hecho" - a partir de entonces, algo de algo, no algo de la nada. Entonces, en consecuencia, es necesario que una persona que esté a punto de recitar birkat ha-mazon , deje un trozo de pan en la mesa, ya que incluso un poco es suficiente para que la bendición se arraigue, y su poder se distribuirá a través de un aumento de la pequeña cantidad, al igual que los milagros ocultos que se hacen por nosotros todos los días, sin que los sepamos ni nos demos cuenta. Tal como dijeron nuestros rabinos: " 188Ningún hacedor de milagros es consciente de su propio milagro ". Y debe saber que la causa detrás de la bendición que cae en la comida del mundo y en el pan de la proposición se explica en el versículo: "[El incienso] será una ofrenda recordatoria con el pan". 189 Como ya sabías que solían colocar incienso encima del pan, que es lo que está escrito justo antes, "En cada fila colocarás incienso puro" 190, el pan de la proposición y el incienso se contrarrestan, al igual que el etrog y el lulav, 191 y el tinte azul y la tela blanca (cuando aún se podía encontrar tinte azul). Porque el Altísimo no tiene participación en el pan de la proposición, mientras que el mortal común no tiene participación en el incienso, que quemarían en el fuego. Por lo tanto, la Escritura dice: "Será un recordatorio de la ofrenda con el pan", porque al quemar el incienso que está sobre el pan, se convierte en un recordatorio para el poder de arriba para que la bendición caiga sobre él y de él al comida para el mundo. Y entienda esto, que es por eso que había doce hallot dispuestos encima de la mesa. Y de allí vino la bendición, que correspondía a los doce ángeles 192rodean el trono de gloria, que se llaman "cuatro campamentos de la Shekhinah", desde los cuales el mundo es bendecido a los cuatro vientos, y sirven tres a cada viento, el significado detrás de los cuatro estandartes que había en el desierto. También correspondían a ellos a continuación estaban los doce leones en el trono de Salomón, y son como estos doce hallot y los veinticuatro medidas décimas, 193 ¡ y despierta tu mente en esto!

30También hay que tener cuidado cuando se va a decir birkat ha-mazon para quitar el cuchillo de la mesa. La razón de esta práctica es que a la mesa se le llama "altar", y así como en un altar se nos ha advertido que no blandiéramos algo de hierro sobre él, como se dice, "no lo construyas [un altar] de piedras labradas, etc. " 194 La regla de la Torá es que si uno lo convierte en un altar de piedras labradas con una herramienta de plata o pedernal, está permitido. Porque el punto de la prohibición no es que sea tallado , sino más bien porque está tallado con algo hecho de hierro , es decir, una espada, y la Torá lo mantuvo lejos del tabernáculo, cuando está escrito: "oro, plata y cobre ", 195pero no menciona el hierro allí. Y lo mismo con el santuario está escrito, "No se oyeron martillos ni hachas ni ninguna herramienta de hierro en la Casa cuando se estaba construyendo". 196 La razón es porque ese es el poder de Esaú con lo que fue bendecido de la boca de su padre; esto es lo que significa "Por la espada vivirás", 197 y está escrito, "pero a Esaú aborrecí". 198 Por tanto, se mantiene lejos del santuario. Y de la misma manera en la mesa se nos ha advertido que le quitemos la espada, porque la espada es algo destructivo 199y la fuente de destrucción, lo opuesto a la paz, y no pertenece a un lugar de bendición, es decir, la paz. Porque en verdad el altar y la mesa prolongan los días de una persona, mientras que una espada los acorta, y no tiene sentido blandir algo que acorta sobre algo que prolonga la vida. 200

31También hay que tener cuidado de extender un paño sobre el pan en la mesa cuando se dice la bendición, porque así era la costumbre de los veteranos cubrir el pan cuando recitaban birkat ha-mazon , para que el pan ganara. No se avergüence (de que estemos recitando esta bendición por la comida con vino y no con pan), y de la misma manera cuando recitarían el Shabat Kidush con vino y no con pan. Y entonces dijeron para el Kidush diurno : "Se extiende un paño y se recita el Kidush ", 201 es decir, se extiende un paño sobre el pan y luego se recita el Kidush.sobre el vino.

También hay en esto una alusión y un símbolo del descenso del maná, que cuando el maná descendió por primera vez, descendería sobre la superficie del desierto, que es lo que esto significaba: "por la mañana hubo una caída de rocío ", 202 y luego, el maná cayó sobre él [el rocío], que es lo que se quiere decir con" sobre la superficie del desierto yacía una sustancia fina y escamosa, tan fina como la escarcha en el suelo ". 203 Y está escrito "cuando se levantó la caída del rocío" y no "cuando se levantó la caída del maná", de modo que "cuando se levantó la caída del rocío" les enseña que otra capa de rocío cayó sobre ella [el maná]. 204 Y entonces nuestros rabinos z "dije:" Rocío arriba y rocío abajo y el maná en el medio, como si estuviera empacado en una caja ".205 Por lo tanto, aquí en la mesa se extiende un paño y se recita el Kidush : un paño arriba, un paño abajo y el pan en el medio. Porque esta es una recreación simbólica del descenso del maná. 206

32Birkat ha-mazon consiste en tres bendiciones de la Torá y una bendición de las palabras de los escribas. El mayor de la mesa dirige la bendición, incluso si vino después de la comida. 207 Un acrónimo mnemónico de las tres bendiciones de la Torá proviene de los versos " Harás una mesa de madera de acacia ... y alrededor de ella harás una moldura de oro - ZaHa" B : " 208 la bendición ha-Zan (" quien alimenta "), la bendición Ha-aretz ("por la tierra") y la bendición Boneh Yerushalayim ("quien construye Jerusalén"), cuyas iniciales son ZH "B, y zahav es numéricamente equivalente a DaVi" D, 209y así la tabla insinúa malkhut - "reino". 210 El símbolo del reino es la casa de David hijo de Isaí, que incluye tanto el reino de la casa de David abajo como el reino arriba, que es el poder del incienso: Dovid melekh Yisrael hay ve-kayam ("Long ¡Viva David, Rey de Israel! ") - esto es lo que significa" ¡No tenemos parte en David, No participamos en el hijo de Isaí!

¡Cada uno a su tienda (le - ohalav), oh Israel! " 211 no " le-ohalav - a su tienda" sino más bien "le'lohav - a su Dios". 212 Porque ya sabías que la mesa del santuario corresponde a midat ha-din- Atributo de la justicia de Dios - que es la razón por la que está ubicado en el norte, es decir, el lado izquierdo, 213 el lado de Gevurah - "Poder". Y sobre la mesa había dos manteles, uno de carmesí y el otro de azul. 214 El carmesí corresponde a midat ha-din arriba, y el azul corresponde a midat ha-din abajo, que se compone de todos los demás atributos. Y aquí el pan de la proposición estaba en la mesa misma, sin nada en el medio, como se dice, "Y el pan común reposará sobre él [la mesa]", 215y sobre el pan se extendió el paño azul. Y sobre este mantel se pusieron todos los utensilios de la mesa, y sobre los utensilios se extendió el mantel carmesí; fue el más alto por encima de todo lo demás. La tela carmesí estaría en la parte superior y la tela azul debajo, así es como el midat din superior emana hacia el inferior, y el objetivo de todo este arreglo es que de la mesa en el santuario viene el sustento para el mundo entero. 216 Correspondiente a él está el midat din de arriba que sostiene a los seres superiores, la hostia en lo alto, incluso como lo hace a los seres inferiores, porque es el atributo "que proporciona provisiones para su hogar y, la tarifa diaria de sus sirvientas". 217A partir de esto, comprenderá la razón por la cual la altura de la mesa con todas las cosas dispuestas era de diez palmos. Pues aun así, la mesa del santuario con lo que estaba encima debería instruirte sobre midat ha-din , ¡y comprende esto! Porque necesitas despertar a lo que dijeron nuestros sabios z "l acerca de esto:" Diez mesas que hizo el rey Salomón (la paz sea con él), como se explica en las Escrituras, y también diez candelabros y diez lavabos. 218

33Birkat ha-mazon proviene de la Torá, como se dice: "Cuando hayas comido hasta hartarse, bendecirás al Señor

tu Dios". 219 Y enseñaron en una baraita : 220 "bendecirás"
- esta es la bendición " ha-zan; "" El Señor tu Dios "- esto es
birkat ha-zimmun (" la bendición de la invitación "); "Por la
tierra" - esta es la bendición " ha-aretz " ("por la tierra");
"Bueno" [ha-tovah] - esta es la bendición " boneh
Yerushalayim. "Y por eso dice" la buena región montañosa [
ha-har ha-tov] y el Líbano ". 221Solo tengo una bendición
después de la comida; de donde llego antes? La Escritura
dice "" que Él te ha dado "- desde el momento en que Él te
lo ha dado, estás obligado a bendecirlo. Nuestros rabinos z
"l enseñaron en un midrash: Moisés instituyó la bendición"
ha-zan "para Israel cuando el maná cayó para ellos; Josué
instituyó la bendición " ha-aretz " cuando los condujo a la
tierra, y David y Salomón instituyeron " boneh Yerushalayim
". 222 Y también encontrarás en la historia del maná un
indicio de la bendición " ha-zan " en el maná mismo, como
se dice: "Por la mañana te saciarás de pan, 223y sabrás que
yo, el Señor, soy tú Dios "- este conocimiento ocurrirá
cuando lo recuerden cuando digan una bendición por
comer el maná. La cuarta bendición, " ha-tov ve-ha-metiv ",
fue instituida en Yavneh. Nuestros rabinos z "l necesitaban
hacer referencia en la bendición" ha-aretz "de la Torá, y
también referirse en ella al pacto (brit), y que ellos
mencionen brit antes de la Torá, 224 para que se dijera así:
" Brit y Torá, vida y comida, para tu brit que sellaste [sobre
nosotros] y tu Torá que nos enseñaste". 225 Y la razón por
la que necesitaban mencionar ambos en la bendición " ha-
aretz"Fue para instruirnos que fue debido a la Torá que
merecíamos la herencia de la Tierra. 226 Y esta es la razón
por la que se colocan las piedras sobre las cuales está
escrita "toda la Torá", y esto es lo que se quiere decir con "[
le-ma'an] entrar en la tierra". 227 Le-ma'an - "por el bien
de" esta Torá " entrarás en la Tierra". Y en mi opinión, en "[
le-ma'an] entrar en la tierra", " le-ma'an " significa "para

que puedas entrar", es decir, "en la medida en que te mando para escribir en ellos toda la Torá, así tendrás el poder de entrar en la tierra, porque el poder de la Torá cortará [yakhritu] 228 los enemigos de la tierra, para que la heredes.

34Y la razón para mencionar brit antes de la Torá es porque la Torá fue dada a través de tres pactos, mientras que brit milá - la circuncisión se dio a través de trece pactos, y se mencionan en el relato de la circuncisión de Abraham, y por el bien de los dieciséis de estos. pactos, somos rescatados de midat ha-din , la espada [herev] del Santo Bendito sea Él, que tiene dieciséis bocas que dicen "herir a los enemigos!" Moisés se refirió a esto en su promesa para el futuro: "Cuando afile Mi espada resplandeciente [harbi] y Mi mano se aferre a la justicia". 229 Él conectó la terminación de yod harbi ("mi espada") con la inicialvav de ve-tohez ("se apodera de") para insinuar "la espada de dieciséis". Entiende este versículo: "Temed la espada [aquí], porque la ira es iniquidad digna de la espada [aquí]; sé que hay un juicio [she - din]. 230 Esto significa "tener miedo de la espada de arriba", porque la iniquidad causa la "furia" y la "espada" abajo, por lo que para este fin debes saber que hay justicia y que el mundo no es aleatorio, y con esta espada los impíos son juzgados, y ese justo no solo no tiene por qué temerlo, sino que además se pone en sus manos. Eso es lo que está escrito "con himnos a Dios en la garganta y espadas de dos filos [herev pipiyot] en su mano " 231 - lee en él" dieciséis bocas - piyot. ¡Así que entienda esto! Porque este es un asunto profundo relacionado con algunas de las letras del gran Nombre del Señor mismo, pero es mi intención limitar lo que digo al respecto.

35La bendición ha-tov ve-ha-metiv necesita dos menciones más de melekh además de la suya propia en su línea de apertura. Y así dijeron en el Talmud de Jerusalén: 232 "tres menciones de melekh , tres menciones de ser metiv y tres menciones de recompensa (gemulot). Los tres " melekh " (1) " melekh ha-olam ", (2) " ha-el avinu malkenu " y (3) " ha-melekh ha-tov ". Los tres " metiv ": (1) ha-melekh ha-tov, (2) " ve-ha-metiv " y (3) " hu he-tiv. "Las tres gemulot : (1)" hu gomalnu, "(2) hu gamlenu y (3) hu yigmalenu .

36Birkat ha-mazon se recita con al menos tres adultos, como se dice, "Exalta al Señor conmigo. 233 Con tres, uno dice en el zimmun " nivarekh she-akhalnu mishelo" - "Bendigamos a Aquel de cuya comida hemos comido" sin mencionar el nombre de Dios. Y con diez uno menciona el nombre de Dios: nivarekh eloheynu - "Bendigamos a nuestro Dios". 234 Y uno no dice " Barekhu eloheynu " - "Bendice a nuestro Dios", en otras palabras, uno no debe excluirse del grupo. Por tanto, llego a la conclusión de que es preferible " nivarekh" , pero si alguien ha dicho " barekhu ", no se lo reprocha . 235Independientemente de si el número de comensales es once o 110.000, uno dice, " nivarekh eloheynu she-akhalnu mishelo", porque diez es el número que incluye todo y no hay nada después, a menos que se duplique [?]. Si uno que encabeza un zimmun de tres dice, " nivarekh she-akhalnu mishelo" - "Bendigamos a Aquel de cuya comida hemos comido", los otros dos responden como si estuviera comenzando con " Barukh she-akhalnu mishelo uv-tuvo hayinu "- " Bendito sea Aquel de cuya comida comimos y por cuya bondad vivimos ". Si uno que encabeza un zimmun de diez dice, " nivarekh eloheynu she-akhalnu mishelo" - "Bendigamos a nuestro Dios de cuya comida hemos comido", el resto responde con "Barukh eloheynu she-akhalnu mishelo uv-tuvo hayinu "- " Bendito sea nuestro Dios de cuya comida comimos y por cuya bondad vivimos ". Aquellos fuera de la mesa contestan "Amén", que es como el asunto discutido en el tratado

Yoma: 236 "Por el nombre del Señor yo proclamo; ¡Da gloria a nuestro Dios! " 237 Cuando "Yo proclamo el nombre 'Señor', le das gloria a 'Eloheynu', es decir, debes responder" Amén ".

37Un menor que sabe a Quien está bendiciendo está incluido en el zimmun , pero si no, no está incluido. Sin embargo, sí cuenta para completar el minyan de diez, de acuerdo con lo que dijeron, R. Joshua ben Levi dijo que aunque un niño que está siendo mecido en una cuna no se cuenta en el zimmun , lo consideran una adición para completar el mínimo de diez. Y Rashi z ", expliqué," no para un minyan de diez en general, solo para un zimmun . De lo contrario, ¿cómo podríamos mantener que no se considera una adición para hacer diez para la amidá o para el zimmun?hasta que le hayan crecido dos vellos púbicos? Por lo que dijeron en el Talmud de Jerusalén: un menor, ¿en qué momento lo consideramos una adición para hacer diez? R. Abin dice que R. Huna y R. Judah no están de acuerdo, ambos en nombre de Shmuel. Uno dice cuando conoce la forma de la bendición, el otro, cuando sabe a Quién está bendiciendo. R. Yosi b. R. Halafta dijo: '¿Cuántas veces has comido con mi padre Halafta y con R. Abina b. Kisi, ¿y no me hicieron un zimmun hasta que me crecieron dos vellos púbicos? Y así es como razonó Rabbenu Tam, y así es la práctica de todo el mundo. 238

38Si nueve que han comido algo hecho de grano y uno solo verde, lo incluyen con el propósito de decir " nivarekh ". Y precisamente por el bien de la inclusión, pero para que él permita a la mayoría cumplir con su obligación, necesitamos que coma al menos una "medida de aceituna" de algo hecho de grano. 239 Y con tres, no hace falta decir que para que él pueda permitir que los demás cumplan con su obligación, incluso para ser agregado, necesitamos que coma al menos una "medida de aceituna" de algo hecho de grano. Y así es nuestra costumbre que cuando una persona entra para ser incluida, tome al menos una medida de aceituna de algo hecho de grano y se lo coma.

39Y debes saber que debido a que los sabios z "l dije," un bat kol salió y dijo que una copa de bendición es igual a cuarenta piezas de oro, de esto se desprende claramente que cada bendición de las cien bendiciones equivale a diez piezas. de oro." 240 Y hay apoyo para esto en el verso: "un cucharón (kaf) de diez [siclos] de oro lleno de incienso", 241 es decir, cada "uno de Ka" F, 242 que son las cien bendiciones iguales a "diez [piezas] de oro". Y también encontrará en otro lugar, " esreh zahav mishkalam" - "diez siclos de oro de peso" 243 a lo que se coloca un brazalete que sigue la Escritura con la frase "Entonces me incliné en homenaje al Señor y bendije al Señor". 244 La razón por la que cada bendición es igual a diez siclos de oro es para insinuar que es posible incluir las 10 sefirot en todas y cada una de las bendiciones. Y la razón de las 100 bendiciones diarias es su correspondencia con las 10 sefirot, diez bendiciones para todas y cada una de las sefirá. Y esto es lo que está escrito: "Y ahora, oh Israel, ¿qué (mah) te pide el Señor tu Dios?" 245 Y nuestros sabios z "dije:" No leas mah - "qué", sino me'ah - "cien", 246es decir: "Cien te exige el Señor tu Dios". Y hay 99 letras en este versículo; agregando la letra aleph hace 100. 247 Y encontramos en el Rey David (la paz sea con él), quien dijo: "La expresión del hombre puesto en alto ['al]", 248 porque cien hombres de Israel solían morir en esa generación, y profundamente conmovido por esto, David instituyó [tiken] 100 bendiciones. 249 Él no los instituyó per se, sino que los restableció, ya que habían sido olvidados, y David vino y los restableció. 250 Y así está escrito: "Así [ki khen] será bendecido [yivorakh] el hombre que teme al Señor ".251

La palabra yivorakh - "será bendecido" se escribe sin vav , lo que significa que por el equivalente numérico de K "I Khe" N - 100 - la persona que teme al Señor bendecirá y será bendecida a la vez. 252 Por lo tanto, una persona necesita recitar 100 bendiciones y cumplirlas cada día. Y en Shabat, cuando no es posible porque la Amidá para Shabat contiene solo siete bendiciones, como está escrito, "Te alabo siete veces en el día", 253 el día que es bien conocido y especial, a saber, Shabat, nuestros sabios z "ya dije," uno los completa con hierbas aromáticas y frutas de fantasía ". 254

40Y ahora te explicaré las tres comidas del Shabat. Nuestros rabinos dijeron: 255 Se requiere que una persona coma tres comidas en Shabat, como se dice: "Cómelo hoy, porque hoy es sábado del Señor, no lo encontrarás hoy en la llanura". 256 Y sobre la recompensa por esta mitzvá dijeron: 257 Quien cumpla la mitzvá de las tres comidas en Shabat es rescatado de tres tribulaciones: de los dolores de parto del Mesías, del juicio de Gehena, y de las guerras de Gog y Magog, y para cada uno de estos tres, la Escritura menciona "día". Por los dolores de parto del Mesías: "antes de la venida del día del Señor". 258 Del juicio de Gehena - "¡Porque he aquí! Ese día está cerca, ardiendo como un horno "y está escrito," y el día que viene los quemará ". 259 Y de las guerras de Gog y Magog: "He aquí, se acerca un día del Señor". 260 La razón de las tres comidas de Shabat corresponde a los tres estados superiores que tendrá el alma en la vida eterna y verdadera que se llama "la vida del mundo venidero" (hayye ha-olam ha-ba) y "paquete de la vida "(tzror ha-hayim).

41La primera comida es el aspecto de " shamor " 261 - "¡Observa!" que es Malkhut , y "la novia", por lo que Shabat se llama "novia". Y por eso dice: "Ven novia, ven y salgamos a saludar a la novia y a la reina del sábado", y esto es "

Cómelo hoy" 262 - [ikhlu-hu] el "día" para el que celebramos el Shabat. Kidush por la noche con vino. 263

42La segunda comida es el aspecto de " zakhor " - "¡Recuerda!" 264 que es Rahamim - Compasión, para quien hacemos el Kidush del Día, que se llama Kiddusha Raba - "el Gran Kidush" 265 porque en la noche - ¡Shamor! y en el día zakhor! que es Compasión, y el significado de "porque hoy es el día de reposo del Señor". 266

43La tercera comida es la fuente superior, que se llama Ayin - "Nada" - de lo que está escrito, "Y la Sabiduría que encontrarás viene de mí-ayin -" de la Nada ". 267 Y este es el significado de que no lo encontrarás hoy en la llanura ". 268

44Y a partir de ahora medita sobre esto y abre los ojos de tu corazón a los altos niveles que logra quien cumple las tres comidas, y la recompensa profunda reservada en el futuro para él cuando tenga en mente este elevado enfoque, y de hecho se lo merece. ser rescatado de las tres tribulaciones, ¡y comprende esto!

45Y depende de usted saber que las tres comidas de Shabat tienen horarios asignados: la primera en la víspera de Shabat, la segunda en el Shahrit por la mañana y la tercera en la minhah por la tarde. Uno no hace la tercera comida en shahrit inmediatamente después de la comida y birkat ha-mazon, extendiendo un mantel y comenzando una nueva comida de modo que parezca que las comidas dividen el Shabat por la mitad, sin ningún reconocimiento aquí en la tercera comida de la milagro superior. Más bien, el momento de la tercera comida es a la hora de minhah, como enseñaron en el capítulo "Todos los escritos sagrados": 269 "Si se produce un incendio en la víspera de Shabat, se rescata la comida para tres comidas; si durante el shahrit, se rescata la comida para dos comidas; si en minhah, se rescata la comida para una comida ". Y también enseñaron en Pesahim: "Si el 14 de Nisán ocurre en Shabat, uno quema todo el hametz antes del Shabat, pero deja suficiente comida para dos comidas. 270 Todo esto es una prueba de que el tiempo para la tercera comida es en minhah , ya que este tiempo ya habría llegado dentro del tiempo de la prohibición de la Torá de comer hametz desde las seis horas en adelante hasta el seder. Y dijeron en el Tosefta, "Cualquiera que quiera cumplir con la obligación de tres comidas cuando el 14 de Nisán ocurre en Shabat, come 'matzá rica', que se hace con aceite y miel. Porque no dijeron 'El que come matzá en la víspera de Pesa ...,' 271 sino' el pan de la aflicción ', que permitiría la' rica matzá ', ya que la obligación de comer solo el' pan de la aflicción 'no entra en vigor hasta la noche ". 272

46Es necesario basar las tres comidas en vino y partir dos hogazas de pan, ya sea para Shabat o para las otras fiestas. Algunos dicen que es posible servir fruta y no pan en la tercera comida, y traen como prueba lo que se dice en el tratado Sucá: "Decimos: 'Si uno compensa una comida en la sucá que se perdió con tipos de postres , ha cumplido con su obligación ". 273 Pero este no es nuestro punto de vista, porque sostenemos que la fruta no necesita ser consumida en una sucá, y si él compensó su comida faltante con frutas, no ha cumplido con su obligación, sino que ciertamente se requiere pan en la sucá. tercera comida como lo es para las dos primeras. 274

47Y cuando te expliqué el requisito de tres comidas en Shabat y te informé de su recompensa, te lo revelé solo parcialmente, dejando algo en secreto. Ahora te explicaré más a fondo el tema de panim hadashot : "una nueva cara". 275 Esto se refiere a la virtud particularmente asociada con

Malkhut, acerca de la cual las Escrituras comentan cuando dice: "Hagamos al ser humano a Nuestra imagen y conforme a Nuestra semejanza", 276 y cuando es el gran Shabat, porque ciertamente cuando llega Shabat, viene una "cara nueva". Y por esta razón encontrará en la discusión de la Sheva Berakhot,que está conectado a un "nuevo rostro", como mantenemos en la Guemará, "El primer día [después de la boda] uno dice las siete bendiciones. A partir de entonces, si hay una nueva cara (panim hadashot), se la recita, pero si no, no ". 277 Y el mismo Shabat es como un rostro nuevo. 278 Pero todas las palabras de nuestros rabinos z "l se basan en la sabiduría de la Cabalá, y es el gran fundamento sobre el que dependen todas sus palabras. Feliz el que medita sobre ellos y mira su espejo brillante. Y en este punto no necesito ampliar la explicación del tema del matrimonio en la formación inferior del mundo que involucra a hombres y mujeres, debido a lo que insinué en mi discusión sobre zakhor ve-shamor."Recuerda y observa". A partir de esta pequeña pista, debería poder comprender mucho más.

48Ahora que te he explicado el tema de Kidush , explicaré el tema de Havdalá , para que no falte nada en tu mesa, ya sea un día normal o Shabat, porque de hecho Havdalá es una forma de honrar el Shabat, para recordar. el día de Shabat tanto cuando viene como cuando se va, como nuestros rabinos z "l enseñaron en un midrash," 'Recuerda el día de reposo' 279 - recuérdalo tanto a su entrada como a su partida ". 280 Y sepan que Havdalá con sus cuatro bendiciones se insinúa en la primera parashá del Génesis: la primera bendición, borei pri ha-gafen , "que crea el fruto de la vid", se insinúa en el primer versículo de la palabra ha. - aretz - "la tierra" 281- que es el huerto y la vid en el huerto, y este es el vino conservado en sus uvas desde los seis días de la creación. 282 La segunda bendición: " atzei besamim "

- "especias de un árbol" 283 se insinúa en la expresión, "un viento [ru'ah] de Dios que barre el agua", 284 porque el olor - re'ah - es sentido por medio del viento - ru'ah . La tercera bendición: lleva 'me'orei ha-esh - "que crea las luces del fuego", es lo que está escrito en " Yehi' o " - "¡Hágase la luz!" 285 La cuarta bendición - Ha-mavdil- "Quien separa" es lo que está escrito en "y Dios separó [va-yavdel] la luz". 286 Y así como encontramos el acto de separación - Havdalá - en el Santo Bendito sea Él al comienzo de Su reinado con la creación del mundo y su renovación, así encontramos en Él la santificación - kidush 287 - del día del Shabat en el que el trabajo está prohibido, que está escrito: "Dios bendijo el séptimo día y lo declaró santo [va-yikadesh ' oto]". 288 Lo "bendijo" proporcionándole una porción extra de maná y lo "declaró santo" al prohibir la acumulación de maná en él.

49Otra interpretación: lo bendijo con luz. Cuando el sol se puso en la tarde de Shabat, el Santo Bendito sea Él buscó ocultar la luz y dio honor al Shabat, como está escrito, "y Dios lo bendijo, etc." 289 ¿Con qué lo bendijo? Con luz. Todo empezó a alabar al Santo Bendito sea, como está escrito: "Todo lo que está debajo de los cielos, lo hizo cantar". 290 ¿Por qué? "Su luz [se extendió] hasta los confines de la tierra". 291

50El rabino Ismael, hijo del rabino Yosi, preguntó a los que vivían en Babilonia con qué se ganaban el derecho a llamar a su vida allí "vida". 292 Ellos respondieron, "por derecho de la Torá". Y para los de la tierra de Israel, por derecho de los diezmos. Y los que están fuera de la Tierra, ¿con qué derecho? Porque honran los sábados y las fiestas. Rabí Yohanan en nombre de Rabí Yosi b. Halafta dijo: "Abraham nuestro padre, de quien no está escrito que observara el sábado, heredó el mundo dentro de límites mensurables, como está dicho, 'Levántate, anda por la tierra a lo largo y ancho'. 293 Pero Jacob, de quien se trataescribió que observaba Shabat, como se dice, 'y acampó en la ciudad', entró en el crepúsculo de la mañana, y fijó límites mientras aún era de día, 294 heredó el mundo sin límites mensurables, como se dice, 'Tú se extenderá hacia el oeste y el este, etc. ' 295 Otra interpretación: "Dios bendijo el séptimo día y lo declaró santo", 296 lo bendijo eximiéndolo de ser pospuesto. R. Samuel b. Nahmani dijo: "Se pospone un festival; El Shabat no se pospone. 297 Otra interpretación: Lo bendijo con un compañero.

51Enseñaron que R. Simon bar Yohai dice, Shabat vino ante el Santo Bendito sea Él y dijo: "Maestro del Universo, todo tiene un compañero, pero yo no tengo un compañero. Estoy asombrado." El Santo Bendito sea Él respondió: "La asamblea del pueblo de Israel será tu socio". Y cuando estuvieron en el monte Sinaí, les dijo: "Recuerden lo que dije en Shabat. La asamblea de Israel será tu socio. Por eso estoy diciendo: "Acuérdate del Shabat y santifícalo". 298

52También dice allí: 299 "Y lo colocó [a Adán] en el Jardín del Edén", 300 el Santo Bendito sea Él le dio a Adán los mandamientos de Shabat, ya que está escrito en este versículo va-yanhehu - "lo colocó" y en otro verso " va-yanah - y descansó el séptimo día. 301 "Trabajarlo" 302 alude a "seis días trabajarás" 303 y " cuidarlo " - li-shomrah - alude a "Observar - shamor [el día de reposo]". 304 Así termina la cita de Génesis Rabá. Y encontrará en el capítulo " Arvei Pesahim " del Talmud 305que decía: "Uno puede interrumpir para Kidush , pero no interrumpe para Havdalá . La explicación: si una persona interrumpe su comida en la víspera de Shabat y dice birkat ha-mazonpara un día normal, y luego dice el Kidush para Shabat, esto es "interrumpir". Pero si estaba comiendo en Shabat y llega la puesta del sol, no interrumpe su comida, sino que la completa. Y a pesar de que dice birkat ha-mazon para Shabat cuando se ha convertido en un día ordinario, no importa, y luego hace Havdalá, que es lo que significa "uno no interrumpe por Havdalá". Y la razón es porque es apropiado que una persona interrumpa su comida para honrar al Rey cuando Él entra para darle la bienvenida, pero en Shabat uno no interrumpe su comida para Havdalá, sino que sigue comiendo como una persona que quiere. que el Rey se quedara y lo retrasara para que no abandonara su hogar. Porque si interrumpiera la comida, parecería que estaba tratando de deshacerse del Rey. Y esto es como lo que nuestros rabinos z "l enseñaron en un midrash en Mekhilta:" ¡Recuerda y guarda! " "Recuerda" el Shabat en su entrada, para darle la bienvenida antes del atardecer para que todo esté preparado para él. "¡Y Keep!" Mantenlo como se va, como una persona que cuida al rey o su querido amigo que está con él, y no quiere que se vaya; hace lo que puede todo el tiempo para retrasarlo.306

53Cualquiera que reciba la copa de bendición para birkat ha-mazon para decir la bendición no debe negarse, y por eso dijeron: "Tres cosas acortan la vida de una persona: si se le da un rollo de la Torá y no lee de él, una copa de bendición para decir birkat ha-mazon y él no lo dice, y alguien que se arroga autoridad a sí mismo. Y aunque birkat ha-mazon es de la Torá, es una opinión aceptada que la bendición no requiere una copa, pero para realizar la mitzvá de la mejor manera posible, uno debe decir la bendición sobre una copa. 307

54Siguiendo el camino de los veteranos y los intérpretes estrictos de la halajá, uno debe tener cuidado al hacer las diez cosas 308 requeridas para la copa de bendición. Y son: (1) "enjuague"; (2) "lavarse"; (3) vino "sin diluir"; (4) que la copa esté llena; (5) "coronación"; (6) envoltura; (7) sosteniendo la taza con las dos manos; (8) agarrándolo con la mano derecha; (9) elevándolo un palmo; (10) poner los ojos en él; y (11) transmitirlo a los miembros de la familia. La interpretación: " enjuagar" dentro de la taza, "lavar" el exterior. 309 "Sin diluir" - heno : el vino debe ser puro y sin diluir hasta la bendición " ha-aretz " en birkat ha-mazon; en ese momento se le pone agua. Hay quienes interpretaron "sin diluir" - heno - en el sentido de que salió de un recipiente justo al lado de la comida, como en la expresión mayim hayyim , que es agua extraída de un manantial cercano. Y hay quienes interpretaron el heno como "vivo", refiriéndose a la copa que está entera, intacta, porque los vasos que están rotos se llaman "muertos". No se dice la bendición de la copa de birkat ha-mazonhasta que se le ponga agua, porque necesitamos la mitzvá de usar solo el mejor, que sería vino mezclado, ya que el vino puro "sin diluir" es dañino, y el objetivo de la bendición es estar agradecido por algo que no es dañino. Y así dijeron, "la copa de bendición no es bendecida hasta que él pone agua en ella, especialmente la bendición de birkat ha-mazon . Sin embargo, se puede decir la bendición Boray pri ha-gafen sobre él, porque hacer Kidush es análogo a la libación de vino, como está escrito, "una ofrenda de libación al Señor de una bebida embriagadora para ser derramada", 310 - necesitamos vino que intoxica, 311 y así dijeron, "algo como esto requería decir una bendición sobre ello, o decir el Gran Hallel". 312Y ya sabías que el vino insinúa midat din , cuyo número es setenta, porque en el reino por encima de los setenta ángeles gobernantes son alimentados por la sefirá de Gevurah, y todos ellos provienen de la compasión en la forma de Jacob, el tercero en el mundo. carro celestial, del cual salieron setenta almas. 313 Por eso prohibieron al nazareo, para separarse del vino y de cualquier cosa que provenga de la "viña del vino", 314 porque está apegado a la Compasión, como decía, "si alguien pronuncia explícitamente un voto nazareo. " 315 Por lo tanto, nuestros sabios z "l requirieron que la copa para birkat ha-mazon, que es de la Torá, no se debe decir la bendición hasta que se le ponga agua, porque la intención de la bendición es básicamente por Compasión. Y "lleno": R. Yohanan dijo, "Quien bendice con una copa llena de bendición recibe una herencia ilimitada, como está dicho, 'lleno de la bendición del Señor, toma posesión del oeste y del sur'. 316 R. Yosi bar Haninah dice que gana y hereda dos mundos: este mundo y el mundo venidero, como se dice, "tomar posesión del oeste y del sur". 317 R. Yohanan solía demostrar "herencia ilimitada" a partir de la expresión: yam ve-darush yerashah , y R. Yosi estuvo de acuerdo con él en esto, agregando, "por lo que está escrito, 'que tome posesión [yerashah] al oeste y al sur ; ' no decía "imprudente "-" tomar posesión "porque el mundo venidero fue creado por la letra Yod, y este mundo fue creado por la letra Hay. 318 De esto es de lo que hablaba el Libro de Bahir cuando decía: "Debería haber dicho RaSh, pero en cambio está escrito YeRaShaH - todo se te ha dado. Y siempre que guardes Sus caminos, este es un asunto interno y oculto, porque "oeste [lit.," mar "] y sur" - yam ve-darom - tienen la intención de insinuar la Paz y el Pacto, que son las sefirot Hokhmah - 'Sabiduría' y Binah-'Comprensión' ". ¡Así que comprenda esto! "Coronación": la copa es "coronada" por los discípulos de la persona que dice la bendición. R. Hisda lo corona con otras copas. Envolver: R. Pappa dijo que envuelve en su manto, 319 se sienta, y luego dice la bendición. R. Ashi se puso un pañuelo en la cabeza y tomó la copa con las dos manos, como está dicho: "Levanten las manos en santidad y bendigan al Señor". 320 Y luego lo agarraría con su mano derecha sin ningún apoyo de su otra mano en absoluto. Y lo levantaba a un palmo del suelo, como dice la Escritura: "Levantaré la copa de la salvación, etc." 321Y pondría sus ojos en él, para que su atención no se distraiga de él. Y se lo entrega a su esposa, para que así su esposa sea bendecida. Como puede ver, estas son las diez cosas que se dijeron acerca de la copa de bendición. Pero R. Yohanan dijo: "Solo tenemos cuatro, y son: sin diluir, llenos, enjuagados y lavados. Y aquí hay un acrónimo para ellos: HaMiShaH - "cinco": Het - Hai - "sin diluir"; Mem - masculino ' - "completo"; Shin - Shetifah - "enjuague"; y Hay - hadahah - "lavar". O si lo prefiere, diga SiMHa "H -" alegría ", porque está escrito," el vino alegra [yiSMaH] el corazón humano ". 322

55Birkat ha-mazon debe decirse solo cuando uno está sentado, y si uno estaba comiendo y caminando o de pie, se sienta en su lugar y dice la bendición. Pero si se olvidó y no dijo birkat ha-mazon , y comenzó a caminar y luego recordó que no dijo la bendición, no debe decir la bendición donde recordaba, sino que debe regresar al lugar donde comió y Di la bendición, porque decimos: Bet Shamai le dijo a Bet Hillel: "¿Realmente quieres decir que si uno se olvida de un bolso en la cima del Monte del Templo, no debe subir a buscarlo? Entonces, si él sube por su propio bien y regresa, ¡seguramente debería hacerlo aún más por el honor del Cielo!

56Uno no debe entablar una conversación después de la copa de bendición, y no debe decir la bendición sobre una "copa de tribulaciones". ¿Qué es una "copa de tribulaciones"? Una segunda taza. La razón de esto es que las parejas traen mala suerte. Como enseñaron en una baraita, "Quien beba doble, es decir, un par de copas, no debe decir la bendición, debido al versículo" Sé apropiado para encontrarte con tu Dios, oh Israel ". 323Y la razón para prohibir las parejas es por la brujería y los seres compuestos por dos que gobiernan a todo el que come y bebe algo en pareja. Y otra razón para distanciarse de los "dos" es que están separados del poder del Uno, porque los pares provienen del poder del "dos". Entonces, para fijar el corazón en la unidad y distanciarse de la fe dualista, como lo que se alude en las Escrituras, "No se mezclen con shonim ", 324 aquellos que creen en dos o más. Por lo tanto, prohibieron las parejas incluso para las cosas que se comen y beben, porque es apropiado que las materias naturales sean un signo y símbolo de prácticas y creencias apropiadas, 325porque ya sabías que las creencias verdaderas requieren acciones. Y ves que en la historia de la Creación, no se dijo "que era bueno" el segundo día. 326 Porque seguimos lo que dijeron en Génesis Rabá, que en él se crearon la disensión y la Gehena, y sin duda, con cosas como estas creadas en él, es un día peligroso, en el que está prohibido comenzar cualquier trabajo, ya que nuestros rabinos z "l dije:" Uno no comienza las cosas el segundo día, porque quien agrega algo a uno, no hay nada bueno en él [o en eso], y por eso se llamó yom sheni - "día dos", que es de la expresión shinui - "cambiar". Porque en Uno no hay cambio, que es lo que está escrito: "Porque yo soy el Señor, no he cambiado". 327Pero el segundo día fue el comienzo del cambio, y a partir de ese momento, el cambio en lo creado es deseable, y en el resto de los días posteriores hemos encontrado base para una acusación contra todos ellos, por ejemplo, al tercer día. Dios dijo: "Produzca la tierra árboles frutales ", pero en realidad sólo produjo "árboles que den fruto". 328 De manera similar, el cuarto día la luna hizo una acusación diciendo: "No es justo que dos reyes usen una corona". 329 Y del mismo modo, en el quinto día, Dios mató al Leviatán macho, 330 lo que puede interpretarse como que ocultó la luz celestial. Y de la misma manera, en el sexto día, Adán pecó y cambió la voluntad de Ha-Shem, y sobre esto se dice, "alterando su rostro, lo enviaste". 331Vea cómo el segundo día es la causa detrás de todo esto, porque todas estas cosas provienen de su poder y lo siguen. En la medida en que decía "Prepárate para encontrarte con tu Dios, oh Israel", 332 que es uno, y agregó "Oh Israel", que es la única nación singular del único Dios, como se dice, "¿Y quién es como Tu pueblo, una nación en la tierra " 333 , debes prepararte y dirigirte para encontrarte con el Uno. Así que no debes comer ni beber cosas en parejas, para que no pienses cosas dualistas en tu corazón.

57Entonces ves que hay siete bendiciones que una persona debe decir sobre la mesa, y son netilat yada'im , ha-motzi ', bore pri ha-gafen y birkat ha-mazon , (que cuenta como cuatro bendiciones). . Y estos se encuentran y se practican todo el tiempo, y si cuentas mayim ahronim , tienes ocho bendiciones. Y si uno bebe una cuarta parte de vino de la copa de birkat ha-mazon , dice sobre ella la bendición Al ha-gefen ve-al pri ha-gafen "Para la vid y el fruto de la vid"; y con esta bendición tenemos nueve. Y si va a haber un cambio de vino, se dice la bendición Ha-tov veha-metiv; ahora tenemos diez. Y si se van a servir diferentes tipos de frutas, cuyas bendiciones no son equivalentes, 334 se dice la bendición sobre una clase de fruta, y luego la repite sobre otra clase de fruta; 335 y ahora tenemos doce, aunque no importa cuál de estos dos hagas primero. 336 Pero si las bendiciones son equivalentes, aunque una de ellas sea de una de las Siete Especies, primero se elige la clase preferida y más deseable. 337 Y quien establece la prioridad de los frutos sobre la base del versículo, sigue la misma secuencia de prioridad para la bendición: 338 "una tierra de trigo y cebada, etc." 339El trigo y la cebada se refieren al pan, que si viene como parte del postre, se dice la bendición She-hakol sobre él, y no lo precede con Boray pri ha-etz . Si a uno le sirven dátiles y granadas, primero dice una bendición sobre los dátiles y luego sobre las granadas, porque los dátiles son dos palabras de "la tierra", mientras que las granadas son cinco palabras de "la tierra". 340

58Está prohibido que una persona disfrute de algo de este mundo sin decir una bendición. 341 Y la razón de este dicho es que todo el que dice una bendición sobre algo que ha disfrutado da testimonio de la providencia divina que ha hecho nacer alimento para los seres inferiores para que vivan, y gracias a ellos, los productos y los frutos aumentan y son bendecidos. Y quien disfruta de algo y no dice una bendición, le roba esta divina providencia y le entrega la dirección de los seres inferiores a las estrellas y planetas. Esto es lo que se quiere decir con: "Todo el que disfruta de algo de este mundo sin decir una bendición, es como si le robara al Santo Bendito sea y a la asamblea de Israel, como se dice: 'Roba a su padre y la madre y dice ... "342 es decir, roba al Santo Bendito sea de Su providencia, ya la asamblea de Israel de su fruto. Porque a causa de este crimen, los frutos son disminuidos para Israel debido a él, porque el mundo entero es juzgado según la mayoría, 343 y todos y cada uno de los individuos es juzgado según la mayoría, y por lo tanto uno tiene que verse a sí mismo como si el todo dependía de él. Así que ves de esta manera que las bendiciones no se deben a que el de Arriba las necesite, sino que el individuo común las necesita, porque mientras que el Exaltado es la fuente de bendición, y todas las bendiciones fluyen de Él, todo lo que existe que lo bendice. sus bendiciones no son dignas de Él, porque Él que existe primero trae a la existencia todo lo demás que existe, y su existencia no es más queSu existencia, y Su existencia es suficiente en sí misma sin necesidad de nada más. Y si lo bendijeran "siempre, todos los días y todas las noches no descansarían", 344 Él no sería más grande; ¿Qué podrían darle, o qué podría tomar Él de sus manos? No hay beneficio ni aumento excepto de nuestro lado.

59Sin embargo, podría despertar y abrir los ojos de su corazón al camino de la sabiduría de la Cabalá, que las bendiciones no son solo la necesidad del individuo privado, que algo en ellas satisface una "necesidad" del Superior, como dice la Escritura. , "Y comerás y te saciarás, y bendecirás al SEÑOR tu Dios". Este versículo permite que el corazón comprenda el secreto de las bendiciones, y no encontrarás en ninguna parte de la Torá completa que el Santo Bendito sea Él nos ordene bendecir Su nombre a menos que sea con "Amén". Y debido a esto David dijo: "Bendeciré tu nombre" 345 y de la misma manera dijo: "Denle gracias y bendigan su nombre" 346.y muchos otros dichos como este. En consecuencia, debe comprender que las bendiciones no son para nada para las necesidades del individuo privado, y que no son solo una expresión de agradecimiento, sino que son una expresión de adición y aumento, como en la connotación de "Bendecirá tu pan". y agua." 347 Y entienda esta declaración de los sabios z "l, cuando dijo al final del capítulo" El que recibe "sobre el tema del acreedor: 348 " para que duerma en su ropa y te bendiga ", 349 alguien que necesita una bendición, es decir, un particular, pero si es hekdesh , no necesita una bendición , 350"Sería un acto de justicia", para Aquel a quien ya pertenecen todos los actos de justicia. Los sabios z "l explicaron esto con la interpretación de que hekdesh requiere una bendición, pero no requiere tzedaká . Y lo dejaron aún más claro en el tratado Berakhot, "R. Ismael le dijo: 'Bendíceme, hijo mío' ", 351 y en el tratado de Shabat," El Santo Bendito sea Él le dijo a Moisés: 'Podrías haberme ayudado' ", 352 - esto trata sobre el asunto de las bendiciones. 353 Y también dijeron que el Santo Bendito sea Él desea la oración de los justos que son mucho más pequeños en número que el resto de las naciones grandes, aunque no son "un pueblo numeroso, la gloria de un rey". 354Pero más bien, ciertamente la expresión "bendecirás" es una expresión de adición y aumento, y connota una brekhah - un "estanque" que brota de su fuente, y así mencionamos en nuestra oración titromam y titbarakh - "serás exaltado y sea bendecido ", 355 y en el idioma del Kadish: yitbarakh va-yishtabah, va-yitpa'ar, va-yitromam, vayitnasay. Y también tiene la connotación de berekhah - "arrodillarse" e inclinarse ante Aquel ante quien toda rodilla (berekh) debe doblarse. Y entonces encontrarás en el Libro de Bahir, "¿Cuál es el significado de berakhah ? Es la "lengua" de la "rodilla" - berekh,como decía, 'y a ti toda rodilla debe doblarse y toda lengua rendir homenaje' 356 - Aquel a quien toda rodilla se inclina ". 357 He aquí, este es uno de los misterios de la Torá, y todo el tema de kavvanah - "intención" - en la oración lo sigue, pero no es correcto explicar y expandir esto más por escrito.

60Y sepa por lo que dijeron nuestros sabios z "l:" Está prohibido disfrutar de algo de este mundo sin una bendición, estaban hablando de todos los placeres en general, ya sea de algo que se prueba, de algo que se huele, o de algo que se ve y oye - para los cuatro sentidos fijaron una bendición. El sentido del gusto: de lo que está escrito, "aparta [kidesh - lit.," santifica "] para el júbilo [hilulim] ante el Señor", 358 viene a enseñarte que todo lo comestible te está prohibido como si eran hekdesh - comida "sagrada" reservada para los sacerdotes y el templo - hasta que uno canta alabanzas [yi-hallel], es decir, dice una bendición al Santo Bendito sea antes y después por la misma comida, y es por eso que hilulim es plural, no la forma singular hilul. Para el sentido del olfato, también hay que decir una bendición, y hay apoyo para esto en el versículo: "Mira, el olor de mi hijo es como el olor de los campos que el Señor ha bendecido ". 359 De aquí obtenemos que el sentido del olfato está bendecido. Y también está escrito, "'¡ Alabe toda alma [tehallel] al Señor!' 360 ¿Qué es lo que alegra el alma pero no el cuerpo? ¡Debes decir que esto es olor! " 361Para el sentido de la vista hay muchas bendiciones, como cuando uno ve el sol en el solsticio de verano debería decir esta bendición: "Bendito el que hace la creación", 362 y de manera similar la bendición de la luna en cada mes. 363 Y dijeron en el capítulo Ha-Ro-eh - "El que ve": 364"El que ve el sol en su punto de inflexión, la luna en su pureza, los planetas en su curso y los signos del zodíaco en su estación, debería decir: 'Bendito el que hace la obra de la creación'". Y esto es lo que encontrarás en la historia de la creación de la creación: "Servirán como señales para los tiempos establecidos, los días y los años", porque las luces, además de iluminar, también son señales por las que se insinúa el futuro. at, lo que nuestros rabinos quisieron decir al decir: 365 "Cuando las luces están en eclipse, es una mala señal para" las naciones del mundo ". 366 Y también son una señal para Israel cuándo recitar la Shma en la mañana, porque la mitzvá es recitarla al amanecer , 367 y cuándo recitar laShma por la noche, porque la mitzvá es recitarla "cuando salgan las estrellas". 368 Y este es el significado de lo que está escrito en: "Levanten los ojos y vean quién los creó", 369 porque al mirar esto, una persona se despierta para ver que son creaciones y alabar a su Creador por ellas al ya sea una bendición o alguna otra expresión de alabanza. Y en el capítulo Ha-Ro-eh, también dice: "Quien salga en los días de Nisán y vea brotar los árboles, debe decir: 'Bendito es el que no ha dejado a su mundo falto de nada y ha creado en son buenas criaturas y buenos árboles para el disfrute de la humanidad ". 370Y del mismo modo, quien ve a su amigo después de no verlos durante doce meses, uno dice: "Bendito es el que revive a los muertos", 371 y después de treinta días dice una bendición Shehekheyanu , 372 y de la misma manera, quien ve un arco iris dice: "Bendito es El que se acuerda del pacto, 373 y así con todas las demás cosas para las que fijaron una bendición por verlas. Y de eso es de lo que habla el capítulo Ha-Ro-eh . 374 Para el sentido del oído también fijaron bendiciones. Para las buenas noticias, se recita la bendición Ha-Tov ve-Ha-Metiv ; para las malas noticias, " Barukh dayan ha-emet " - "Bendito es el verdadero Juez". 375Sin embargo, no fijaron una bendición para cuando alguien oye un sonido [kol] de una lira o flauta tan dulce que alegra su alma y lo disfruta, como está escrito, "porque tu voz [kol] es dulce. " 376La razón es porque el sonido no es realmente una cosa. Ahora bien, si se pudiera decir que lo mismo ocurre con el olfato, en realidad hay algo en las frutas que desprende su olor. Y si dirías que hay algo en el instrumento o cantante que produce el sonido, el olor que proviene de las frutas no es como el sonido que proviene del cuerpo de una persona o de un instrumento musical. Porque el olor de una fruta o una especia proviene de su cuerpo y esencia, pero el sonido de un ser humano o de un instrumento musical no proviene de su cuerpo y esencia, sino más bien el resultado del aire que sopla a través de él. Tampoco fijaron una bendición para el sentido del tacto, porque está incluido en el sentido del gusto. Y esta es la razón por la que la Torá menciona estos cuatrosentidos explícitamente. Cuando está escrito "que no puede ver ni oír ni comer ni oler" 377 no menciona el sentido del tacto, porque está incluido en "que no puede comer", que es el sentido del gusto. Y debes entender que es una de las maravillas de la formación del cuerpo humano que estos cinco sentidos en él se implantan en los cinco órganos que son las herramientas y las puertas del alma intelectual, que deriva su nobleza del Espíritu Santo en él. , y el alto rango y la grandeza del ser humano es su resultado, porque son la base de su actividad en el cumplimiento de las mitzvot , y también para cometer pecados, porque por medio de ellos será recompensado y por medio de ellos será castigado. según cómo elija usarlos. Por lo tanto, las Escrituras fallan en avodah zarahpor su falta de estos sentidos para instruirnos sobre su importancia. Debido a que los ídolos carecen de su capacidad de sentir y generalmente están incompletos, no tienen poder para salvar. Y si es así, ¿cómo podrían los que adoran a estos otros dioses en tiempos de angustia gritar: "¡Levántate y sálvanos!" 378

61Y de estos cinco sentidos, dos son físicos, tres son espirituales. Los hemos encontrado en el Santo Bendito sea: "Y el Señor vio"; "Y el Señor oyó"; y "el Señor olió"; 379 pero no así los otros dos. Se nos dieron cinco sentidos para corresponder a los cinco libros de la Torá ya las cinco referencias a la "luz" en el primer capítulo del Génesis, 380 y los cinco nombres del alma. 381De hecho, son la perfección del cuerpo porque son el palacio del alma, y el alma revela sus acciones a través de ellos. Y los científicos naturales dijeron que fue a partir de la sabiduría del diseño de la naturaleza que los seres humanos fueron creados con cinco dedos en cada mano para servir a los cinco sentidos. Cada dedo tiene su propio sentido para servir. El más grande (el pulgar) es para limpiar la boca, el dedo índice para las fosas nasales, el dedo medio para el sentido del tacto para sentir todas las partes del cuerpo porque es el más largo de todos (y puede llegar a todas partes), el el dedo anular para limpiar el ojo y el meñique, que es el más pequeño de todos, para limpiar la oreja. De modo que es a partir de la sabiduría de la naturaleza que todos y cada uno de los dedos se dirigen a su propio órgano sensorial de forma instintiva e inconsciente. Sobre el orden de los dedos nuestros sabios z "dije:382 "Este meñique [es para ...], este dedo anular [es para ...], este dedo medio [es para ...], este puntero [es para ...], este pulgar [es para ...]". Y ya explicaron al comienzo del tratado Ketubot que cada uno de estos cinco dedos tenía su propia mitzvá: Este meñique para medir el hoshen - la coraza del Sumo Sacerdote; este dedo anular para la ofrenda de comida del sacerdote, este dedo índice [amah - 'la medida del codo'] para la construcción y las herramientas; este dedo índice [ha-'etzba '] para rociar (la sangre de la ofrenda por el pecado) - "lo rociará con su dedo [be-'etzba'o]", 383y este 'más grande' que es el más ancho de todos ellos, es decir, el pulgar de la mano de Aarón para purificar a alguien afectado por la pudrición de la piel. 384 Entonces se encuentra aprendiendo que los cinco dedos del cuerpo humano satisfacen las necesidades tanto del individuo como de Dios. Y encontrará entre las maravillas del diseño del ser humano que la capacidad de sentir se extiende por todo el cuerpo, y el sentido del olfato se extiende fuera del cuerpo, y que el sentido del oído se extiende incluso más allá del olfato en la medida en que los humanos lo necesitan más, y que el sentido de la vista se extiende incluso más allá del oído porque los humanos lo necesitan más. Así que, ¡miren cuán grande es este asunto para todos los que lo investigan, ya que nos instruye acerca de la perfección de los seres humanos con sus cinco sentidos, porque "estos son la obra de Dios!"385

Puerta 2

1Una explicación de la naturaleza de comer: qué es y cómo una persona debe prepararse para el propósito apropiado en la vida que se le exige.

2Una persona tiene la gran obligación de reflexionar profundamente sobre la naturaleza de la comida y reflexionar profundamente sobre su fin apropiado. Es decir, que la naturaleza de comer es la aniquilación (kilayon) de lo que se come y se convierte en desperdicio. En consecuencia, comer se llama " akhilah " , de la expresión kilayah - "aniquilación" - de lo que se consume en el estómago. 1Y los tres órganos especiales que son los "reyes" y las cabezas del resto de los órganos del cuerpo toman cada uno su parte primero. Son el cerebro, el corazón y el hígado, y su esencia se hace circular y distribuir al resto de los órganos, que les sirven y están subordinados a ellos, así como los sirvientes se alimentan de la mesa del rey y son bendecidos con su bendición. . Ahora mira que son tres reyes, y que son singulares; no fueron creados en pares como los otros órganos. Porque el trabajo de dos trabajadores es más pesado que el de un trabajador. Por lo tanto, el Sabio ha dicho: "No es bueno tener múltiples líderes", 2 y por esa razón fue la Causa de todo uno, es decir, el Creador, Bendito sea.

3Y así, el utensilio, el cuchillo, con el que se corta la comida en pedazos, se llama ma'akhelet porque aniquila y destruye, como en la expresión, "consumirás (ve-'akhalta) a todos los pueblos". 3 Y el verso que usa va-yokhlu ("comieron") para referirse a lo que estaban haciendo los ángeles ministradores enseña esto, 4 como nuestros sabios z "l enseñaron en un midrash acerca de los tres becerros que Abraham les trajo. "Uno tras otro, cada uno subió y desapareció (kalah) de la mesa, y Abraham cuando se dio cuenta de esto, trajo un poco más de carne casi continuamente una y otra vez, como una persona que seguía aumentando el número de holocaustos que sacrificaba en la mesa. altar." 5Y de la misma manera acerca de Adán está escrito: "Ella también le dio a su marido, y él comió (va-yokhal)". 6 La palabra va-yokhal ("y comió") proclama su pecado tanto por sus acciones como por sus pensamientos. Por su obra: es decir, que hizo que el árbol perdiera su fruto y lo comió a pesar de que se le advirtió que no lo hiciera: "porque tan pronto como comas de él, morirás". 7 Su pensamiento: es que destruyó, cortó e hizo como si la rama del árbol fuera una cosa en sí misma, y si es así, todo sufre destrucción y aniquilación, tanto en lo físico como en lo intelectual. 8 Y así, cuando te encuentren diciendo la palabra va-yokhal , incluye la destrucción (hashhatah) tanto de algo de abajo como de la destrucción de algo de arriba, como está escrito, "tu pueblo se ha echado a perder (shihet)", 9 e igualmente Jeroboam fue llamado mashhit - "destructor" - porque destruyó y cortó los brotes. 10

4Y ya sabes que el alma se sostiene en el cuerpo y sus actividades se manifiestan solo si el cuerpo come. Y de esto entienda el asunto de los sacrificios, que son las cosas ocultas de la Torá, acerca de las cuales está escrito: 'para Mi [ofrenda en] fuego, mi olor agradable' [Nú 28: 2]. El poder del alma superior aumenta y se suma a las ofrendas de fuego al comer los sacrificios, y así dijeron nuestros rabinos; 11 'Mi sacrificio, mi pan, para mi ofrenda en el fuego'. Podría decir simplemente 'Mi pan', pero la Escritura agrega, 'a Mi [ofrenda por] fuego;' a Mi fuego lo das. Esto se debe a la conexión del alma con sus atributos. Los poderes del alma están conectados con los poderes del cuerpo. Y entienda el versículo que dice que 'el favorito del Fuerte' [Sal. 103: 1, es decir, David] menciona: "Bendice mi alma a YHWH, todo lo que hay dentro de mí [bendiga] Su santo nombre. ' Lo invisible se une con lo invisible, lo visible con lo visible. Y comprenda esto, que los poderes del alma no son visibles y se actualizan solo a través del cuerpo. Si es así, el cuerpo es una gran necesidad para la revelación pública del alto grado del alma y su perfección.

5Y es necesario que sepas que la alimentación humana no es más que una ilusión, que no es una cosa verdadera ni una actividad real, que es algo engañoso, algo que va cambiando a medida que pasa por los órganos internos en una secuencia de causas. y efectos. Pero las ideas refinadas a través de la sabiduría, y por el apego del pensamiento a la luz del intelecto de la Sabiduría Superior son en sí mismas "comer real y duradero", como en la forma en que nuestros Sabios de bendita memoria interpretaron el verso: "'Y ellos imaginaron a Dios, y comieron y bebieron '. 12 R. Yohanan dice, 'comer de verdad' [akhilah vada'it], como se dice, '¡A la luz del rostro del Rey - vida!' 13Y es necesario que pienses mucho en este versículo, ¿por qué fue necesario decir, 'ellos imaginaron', y por qué no estaba escrito como estaba justo antes, 'ellos vieron? 14 Pero más bien porque especificaba 'ellos vieron' para que no entendieras [lo que sucedió después] como ver real con el sentido de tu ojo, se deduce que fue necesario decir 'ellos imaginaron' inmediatamente después para enseñarte que esto no era ¿No es este tipo anterior de 'ver' [re'iyah], sino más bien ver por medio de la profecía, y es por eso que dice, 'Y ellos imaginaron [va-yehezu] Dios, y comieron y bebieron,' del término para "visión" profética [mahzeh]. Y la explicación de la Escritura 'Y imaginaron a Dios, y comieron y bebieron', es que los líderes merecieron ver con la profecía de 'un vaso que no refleja', sin una barrera, mientras que el resto de Israel tenía un barrera, y Moisés realmente "vio" directamente. 15 "Y comieron y bebieron", es decir, que comer y beber según esta visión era en verdad "comer de verdad". Y también es posible interpretar "Y comieron y bebieron" como que vieron por profecía el atributo mismo del cual "comieron y bebieron", es decir, del mismo atributo del cual les llegó el maná, que es el principio detrás de todo su apoyo material, sobre el cual está escrito, "Ella se levanta mientras aún es de noche", 16 y está escrito "Aquí estoy haciendo que llueva".17 Y ya sabías que esto era un apoyo material que ocurría en la noche, porque a esto se refiere 'Ella se levanta mientras aún es de noche'. Y así, el maná solía descender durante la tercera vigilia de la noche, cuando los israelitas dormían en sus camas en el desierto. Y al día siguiente se levantarían temprano en la mañana y encontrarían su sustento listo para ellos. Este es el significado de lo que está escrito: "Así que lo recogieron todas las mañanas". 18Y así encontrarán en el Primer Templo que las lluvias solían caer los miércoles y las noches de Shabat, y al día siguiente se levantaban temprano en la mañana para hacer su trabajo, sin perder tiempo. Y así también se encuentra con el rey Ezequías, quien dijo: "Amo del mundo, yo mismo no tengo el poder en mí para perseguir enemigos, o para cantar una canción de victoria, pero duermo en mi cama, y tú lo haces". . " Y el Santo Bendito sea le respondió: "Duermes en tu cama mientras yo lo hago", como está dicho, "Esa noche, un ángel del Señor mató a 185.000 en el campamento asirio". 19 Se trataba de él (o de esto) que David habló cuando dijo: "En vano te levantas temprano y te quedas despierto hasta tarde ... Él provee tanto para sus amados mientras duermen". 20El significado de la Escritura es que lo que los demás pueblos logran mediante el trabajo arduo, al levantarse temprano y quedarse despiertos hasta tarde para comer el pan por el que trabajan, 21 ¡ Dios proporciona a sus seres queridos mientras duermen! Esto es lo que el Santo le da a quien ama, a la hora en que duerme, sin necesidad de preocuparse por eso. Y de ahora en adelante, cualquier referencia a "comieron y bebieron" no significa nada más que una referencia a "comer de verdad" o comer el maná que era el fruto de la Luz Superior, que es "comer de verdad".

6Por lo tanto, la persona reverente debe tener su intención conectada con las cosas superiores, y hacer que su alimentación sea para sostener su cuerpo solo y no ser atraído por los placeres físicos, porque el ser atraído por los placeres físicos es la causa de la pérdida tanto del cuerpo como de los placeres físicos. alma, y la causa para olvidar el punto, porque al comer y beber se llenará de sí mismo [literalmente, levantará su corazón] y tropezará en grandes escollos y pecados, y hará cosas que no deberían hacerse. Vea cómo los hermanos de José lo vendieron solo en medio de la comida y la bebida, como se dice: "Se sentaron a comer y miraron hacia arriba ..." 22Y por esta razón, la Torá dice que no comamos en Yom Kipur, que es el día del juicio para los casos criminales que involucran a personas, porque la comida de uno puede hacer que su alma peca. E incluso dijeron en casos civiles relacionados con la compensación monetaria: " akhal ve-shatah al yorah" - "¡No instruyas justo después de comer y beber!" 23 ¿Por qué es esto así? De lo que está escrito, "No bebáis vino ni otros intoxicantes, ni tú ni tus hijos", 24 y relacionado con él, "para instruir [le-horot] a los israelitas". 25 Cuando se les mandó instruir [le-horot], se les advirtió que evitaran el vino, porque el vino confunde la mente y no distingue entre lo santo y lo profano, por eso está escrito "distinguir". 26 Todo esto es una prueba de que comer y beber hace que los seres humanos se desvíen del camino de la Torá y la adoración, y desechen todos los estatutos de Ha-Shem, Bendito sea. Todo esto es causado cuando uno ha comido y está satisfecho, y por eso la Torá ordenó: "Y comerás y te saciarás, y bendecirás" (Deut 8:10). Es decir, después de que hayas comido y te hayas saciado, y estés cerca de deshacerte del yugo de los mandamientos, "Bendecirás a

YHWH tu Dios" en el mismo momento en que necesites bendecirlo, para que toma sobre ti el yugo de su gobierno y bendice su nombre. Y este, en mi opinión, es el significado de la Escritura: "Conócelo en todos tus caminos"; 27 significa incluso en el momento de comer cuando estás cerca de olvidarlo y de apartar la razón de tu mente, en ese mismo momento, "conócelo" y adhiérete a Él. Y si haces esto, "Él enderezará tus sendas", 28 Él enderezará tus caminos en los caminos de la vida, es decir, el logro exitoso del mundo por venir por parte del alma. Si es así, entonces una persona debe comer solo para el sustento de su cuerpo, y le está prohibido perseguir cualquier tipo de placer a menos que sea para sanar su cuerpo y hacer que los ojos de su intelecto sean lúcidos. Para que su cuerpo esté sano y fuerte, debe perseguir lo que agrada [su intelecto] y su Creador, porque sus órganos están combinados y poseen la capacidad exactamente en la medida que le permite llevar el yugo de la Torá y sus mandamientos. , que es el punto del versículo escrito sobre la tribu de Isacar, "inclinó su hombro para llevar la carga" (Gen 49:15), que es el mismo lenguaje que se usa para referirse a la entrega de la Torá, "Él [Dios] inclinó el cielo y descendió" (2 Sam 22:10). Y cualquiera que tenga esta intención, es un ángel del Señor de los Ejércitos, pero quien no dirige su intención a este fin, es "comparado con las bestias que perecen". (Sal 49:13 , 21). "Puedes verlo por ti mismo" 29 José el justo, quien se destacó por su calidad de reverencia [yir'ah], por lo que está escrito, "Soy un hombre temeroso de Dios" 30 y "¿Soy un sustituto de Dios? " 31 insinuó en este punto cuando dijo, "tomad algo para el hambre de vuestras casas y váyanse". 32Viene a instruir y enseñar a la gente a saber que solo deben comer para calmar el hambre, no para llenar su barriga y dejarse arrastrar por el sabor, que es vil y despreciado, porque eso es una vergüenza para nosotros, un desperdicio total. , y algo que no tiene sentido. Y no digas eso porque era una época de hambre, porque cuando José era "un príncipe y comandante de pueblos", 33 y los tesoros del rey estaban bajo su control, él tenía el poder de suministrar pan y comida a su pueblo. padre y hermanos, como en el otro los años de abundancia. Sin embargo, en cambio, nos hizo saber que este es el camino de la Torá y el temor de Ha-Shem (¡que sea bendito!), Que una persona solo debe comer, satisfacerse y llenar su estómago para satisfacer su alma.

7Y sepa en verdad que la clase de persona que uno es, se determina en la mesa, porque allí sus cualidades se revelan y se dan a conocer. Y así nuestros rabinos z "I dijeron:" Por tres cosas se conoce a una persona: por su bolsa, por su copa y por su ira ". 34 Porque ser atraído por el vino y otros placeres - seguramente estos son "los goteos del panal de miel" 35 - es uno atraído por la droga de la muerte, y si se aferra a este camino morirá una muerte eterna. Pero quien quiera vivir debe mantenerse alejado de este camino; "Él comerá y vivirá para siempre". 36 Y así, nuestros rabinos z "dije en el tratado Gittin del Talmud:" Una comida para su propio disfrute; retire la mano de ella ", 37y de manera similar dijo: "'Serás santo', es decir, 'serás abstemio (perushim)'", 38 y "Hazte santo mediante lo que es apropiado para ti". 39 Y el autor de Eclesiastés dijo: "Me dije a mí mismo: 'Ven, te invito a regocijo. ¡Prueba la alegría! Eso también me pareció inútil ". 40 Y después de eso, dijo: "Me atreví a tentar [limshokh] mi carne con vino". 41 Y en el tratado del Sanedrín del Talmud: 42 "Se dicen trece ayes sobre el vino, y se especifican en la parashá Noé. Está escrito: 'Noé, el labrador de la tierra, fue el primero en plantar una viña', 43lo que significa que desde el momento en que comenzó a plantar, profanó su santidad. Ese es el punto de la expresión va-yahel - "él comenzó" - que incluye las connotaciones de "comienzo" (tehilah) y "profanación" (hillul). Y a causa del vino, un tercio del mundo fue maldecido. 44 Y también enseñaron en un midrash: "No mires el vino, ya que enrojece...", 45 es decir, anhela sangre. 46 Y Betsabé también advirtió al rey Salomón que no tentara su carne con vino, 47 cuando ella le dijo: "El vino no es para los reyes, oh Lemuel; no para que beban los reyes, ni cerveza para los príncipes ". 48 Y entonces dijo: "Me atreví a tentar mi carne con vino",49 y "¿para quién come y quién siente los placeres de los sentidos sino yo?" 50 y luego comenta: "Eso también es inútil". 51 Porque es bien sabido que alguien en cuyo corazón la reverencia por HaShem y el temor de Él es fuerte, rechazará y se apartará de los placeres del mundo, y los despreciará al máximo, porque conoce y está familiarizado con sus consecuencias. , mientras que otros que son menores o inútiles llenarán sus vientres con lo que les deleita, y sus vasijas volverán vacías; están vacíos porque carecen de sentido común "No saben ni entienden; andan en tinieblas ". 52 Sobre esto, Salomón dijo: "Cuando te sientes a cenar con un gobernante, considera bien quién está antes que tú". 53Él dijo: "Si la ira del gobernante se levanta contra ti" 54 y sales a comer "la comida del rey o el vino que él bebió" 55 en la casa del rey que gobierna la tierra, entiende bien y mira esos quienes estuvieron antes que ustedes quienes eligieron este camino: "lo que vieron en ese asunto y lo que les había sucedido". 56 ¿No acaban el alto estatus y la grandeza de la mayoría de ellos en la humillación y la sumisión, "completamente barridos por los terrores"? 57 Justo lo que está escrito después en Proverbios: "¡Clava un cuchillo en tu garganta!" 58 Y nuestros rabinos z "l dijeron:" No anheles las mesas de los reyes, porque tu mesa es más grande que la de ellos, tu corona más grande que la de ellos ". 59Por lo tanto, una persona no debe buscar ganancias excesivas y perseguirlas, porque si lo hace, sus días serán dolorosos y nunca estará satisfecho, porque estas ganancias no tienen fin, y quien persigue cosas que no tienen fin, ¿es él? no enfermo, cegado por su estupidez? Porque "todo necio está enredado". 60 No hace falta decir que no tiene participación en la Torá, porque si fuera rico y estuviera acostumbrado a comer y beber con platos de plata, podría pensar poco en ellos y quedar insatisfecho hasta que tuviera utensilios de "turquesa, zafiro". y diamante ", 61y tan pronto como obtuviera uno de ellos, querría dos o tres, y esto continuaría sin fin. Y por lo tanto, una persona con buenas cualidades no debe anhelar en su corazón ganancias excesivas, y debe estar satisfecha con un poco.

8Vea cómo la Torá atestigua que nuestro padre Jacob (la paz sea con él) tenía la cualidad del contentamiento, y no buscaba ganancias excesivas, sino solo lo que era necesario, quien, cuando se dijo: "Si Dios me da pan para comer y ropa para vestir ", 62 pidió lo necesario, lo que el Santo Bendito sea Él provee para todas Sus criaturas, como está dicho," Lo das con generosidad, etc. " 63 Y nuestros rabinos z "l enseñaron en un midrash:" 'Pan para comer y ropa para vestir:' en todos sus días, este hombre justo [Jacob] nunca se entristeció por comer, sino más bien por 'lo interior y lo exterior'. '" 64Y debes saber que la persona justa debe dirigir su mente cuando está comiendo solo al hecho de que la comida corporal con la que sostendrá su cuerpo por el momento es para que su alma con ella pueda mostrar sus poderes y realizarlos en acción, y con esto prepara la comida eterna con la que se sustentará para siempre. Y mire el estado santo que prevalece entre la élite del pueblo de Israel, que solía comer y mirar con el corazón mismo. Esto es lo que quiere decir la Escritura cuando dice: "Ellos imaginaron a Dios y comieron y bebieron" 65.que los órganos del cuerpo que son el vaso del alma recibirían poder y fuerza en el banquete, y el alma se despertaría con sus poderes en ellos y los fortalecería en este pensamiento, y haría posible que el espíritu santo descendiera sobre él [el cuerpo] en el momento de comer, cuando se eleva en este pensamiento, y su cuerpo está revestido con el pensamiento de su alma, y los dos como uno lo suficientemente bueno para que la Presencia Divina [Shekhinah] descienda entre ellos. Esta fue la intención de Moisés y los ancianos de Israel durante el banquete de Jetro, y esto es lo que la Escritura quiere decir cuando dice: "Aarón vino y todos los ancianos de Israel [para participar de la comida delante de Dios con el padre de Moisés. ley] ", 66 e igualmente Isaac nuestro padre en las sabrosas comidas que pidió, 67y en todos los demás lugares donde encontramos banquetes para personas justas, ese era el fin al que estaban destinados.

9Y se sigue de la regla de que un ser humano necesita dirigir su mente al comer (y esto es de gran beneficio para el cumplimiento de su intención), que recurra a los "alimentos finos", porque por su delicadeza el intelecto es refinado y el corazón hizo clarividente, como dijeron nuestros sabios, "el vino y las fragancias me hicieron clarividente", 68y es necesario dirigir la mente hacia ellos sólo para hacer que los ojos del intelecto sean lúcidos, como mencioné anteriormente. Y uno debe tener cuidado con los alimentos groseros, porque el poder del intelecto se ve empañado por ellos y su lucidez y refinamiento arruinados. Y ya entre nuestros antepasados, según he escuchado, que quien no comiera carne de vacuno debido a su tosquedad, pero cuya alimentación consistía principalmente en aves pequeñas y delicadas, las criaba en sus casas y les daba de comer comidas con ingredientes que conocían y que ellos mismos se prepararon para ellos, para refinar su cerebro y enderezar sus órganos, que son el vaso del alma, para que el alma se eleve y desarrolle la aptitud para recibir la Torá y comprender al Santo (bendito sea su nombre), porque el intelecto se afila y refina según la finura de la comida y su pureza. Y esto es algo probado y comprobado entre la gente cosmopolita, y algunos habitantes del pueblo, para la gente cosmopolita cuyos alimentos son manjares y cuyas bebidas son finas y refinadas, ¿no son inteligentes en todas las áreas y rápidos para entender la ciencia con facilidad y sin mucho? esfuerzo, mucho más que la gente del pueblo que come cebada y cebolla, y el resto de los alimentos ordinarios. De hecho, la tosquedad de su intelecto sigue a la tosquedad de su comida. Y el más selecto de los placeres, los placeres de la comida fueron creados solo por el bien de la Torá, y por esta razón ellos dijeron en los Capítulos de los Padres: "Si no hay harina selecta, no hay Torá, y si no hay Torá , sin harina de elección ", Y esto es algo probado y comprobado entre la gente cosmopolita, y algunos habitantes del pueblo, para la gente cosmopolita cuyos alimentos son manjares y cuyas bebidas son finas y refinadas, ¿no son inteligentes en todas las áreas y rápidos para entender la ciencia con facilidad y sin mucho? esfuerzo, mucho más que la gente del pueblo que come cebada y cebolla, y el resto de los alimentos ordinarios. De hecho, la tosquedad de su intelecto sigue a la tosquedad de su comida. Y el más selecto de los placeres, los placeres de la comida fueron creados solo por el bien de la Torá, y por esta razón ellos dijeron en los Capítulos de los Padres: "Si no hay harina selecta, no hay Torá, y si no hay Torá , sin harina de elección ", Y esto es algo probado y comprobado entre la gente cosmopolita, y algunos habitantes del pueblo, para la gente cosmopolita cuyos alimentos son manjares y cuyas bebidas son finas y refinadas, ¿no son inteligentes en todas las áreas y rápidos para entender la ciencia con facilidad y sin mucho? esfuerzo, mucho más que la gente del pueblo que come cebada y cebolla, y el resto de los alimentos ordinarios. De hecho, la tosquedad de su intelecto sigue a la tosquedad de su comida. Y el más selecto de los placeres, los placeres de la comida fueron creados solo por el bien de la Torá, y por esta razón ellos dijeron en los Capítulos de los Padres: "Si no hay harina selecta, no hay Torá, y si no hay Torá , sin harina de elección ", para las personas cosmopolitas cuyas comidas son manjares y cuyas bebidas son finas y refinadas: ¿no son inteligentes en todos los ámbitos y fáciles de entender la ciencia con facilidad y sin mucho esfuerzo, mucho más que la gente del pueblo que come cebada y cebollas, y el resto? de los alimentos gruesos. De hecho, la tosquedad de su intelecto sigue a la tosquedad de su comida. Y el más selecto de los placeres, los placeres de la comida fueron creados solo por el bien de la Torá, y por esta razón ellos dijeron en los Capítulos de los Padres: "Si no hay harina selecta, no hay Torá, y si no hay Torá , sin harina de elección ", para las personas cosmopolitas cuyas comidas son manjares y cuyas bebidas son finas y refinadas: ¿no son inteligentes en todos los ámbitos y fáciles de entender la ciencia con facilidad y sin mucho esfuerzo, mucho más que la gente del pueblo que come cebada y cebollas, y el resto? de los alimentos gruesos. De hecho, la tosquedad de su intelecto sigue a la tosquedad de su comida. Y el más selecto de los placeres, los placeres de la comida fueron creados solo por el bien de la Torá, y por esta razón ellos dijeron en los Capítulos de los Padres: "Si no hay harina selecta, no hay Torá, y si no hay Torá , sin harina de elección ", De hecho, la tosquedad de su intelecto sigue a la tosquedad de su comida. Y el más selecto de los placeres, los placeres de la comida fueron creados solo por el bien de la Torá, y por esta razón ellos dijeron en los Capítulos de los Padres: "Si no hay harina selecta, no hay Torá, y si no hay Torá , sin harina de elección ", De hecho, la tosquedad de su intelecto sigue a la tosquedad de su comida. Y el más selecto de los placeres, los placeres de la comida fueron creados solo por el bien de la Torá, y por esta razón ellos dijeron en los Capítulos de los Padres: "Si no hay harina selecta, no hay Torá, y si no hay Torá , sin harina de elección ",69 es decir, no habría placeres de la comida.

10Y es necesario que consideres bien que el alimento de los seres humanos debería haber sido solo plantas de la tierra, como cereales y frutas, no animales. Porque los animales tienen un alma que les da un movimiento independiente, que es similar en algunas de sus actividades al alma de los seres intelectuales, y este es el parentesco que nos motiva a mantenernos alejados de lo dañino. En consecuencia, un alma que puede moverse por sí misma no debería ser un alimento para el alma humana. Por lo tanto, a Adán se le ordenó originalmente que su alimento y sustento fueran granos y frutos, el punto de lo que estaba escrito: "He aquí, te he dado toda hierba y planta productora de semillas ..." 70Pero en el momento en que toda la carne se echó a perder y todos los animales merecían la aniquilación y no se habrían salvado si no fuera por el mérito de Noé, se les permitió comerlos [la carne de los animales], tal como lo habían hecho las verduras y la hierba. estado antes. En ese momento, a las almas que podían moverse por sí mismas se les permitió esperar en el alma intelectual, que esperaba al Creador. Y si es así, esto no es para degradar el alma que puede moverse por sí misma, sino más bien una señal de respeto, estatus y mérito, y en consecuencia nuestros sabios enseñaron, está prohibido que un am-ha-aretz coma carne, ya que está escrito, 'Esta es la Torá de la bestia y el ave'. 71A todos los que se dedican a la Torá se les permite comer carne de animales y aves, y a todos los que no se dedican a la Torá se les prohíbe comer animales y aves. La explicación de esto entre los iluminados es: cuando dejamos de lado un alma por un alma, esta no es otra cosa que el alma que puede moverse y que aniquilamos por el bien del alma intelectual. Pero debido a que uno es un am ha-aretz y no tiene alma intelectual, tienes que tener prohibido comer carne, ya que [en él] no tenemos nada que apartar y aniquilar el alma que puede moverse, ya que él es alguien que no tiene alma intelectual, y comprende esto.

11Y por lo tanto es necesario que cuando uno come, cambie su pensamiento [mahshevato] y divague sobre [meshotetet] el Santo Bendito sea Él por cada bocado - según el asunto de "Ellos imaginaron a Dios y comieron y bebió." 72 Esto es como la forma en que nuestros sabios interpretaron "Que todos los que respiran [kol ha - neshamah] alaben al Señor", sobre cada aliento [kol neshimah ve-neshimah] le alaben. Podrías aprender esto de la generación en el desierto, porque cuando comían el maná, su intención divagaba sobre la Shekhinah y meditaban sobre ella con humildad, ¿por qué la sabiduría requería que la cantidad de su comida fuera un gomer?, que es una décima parte de un efa , es decir, un diezmo de un efa, la razón del mandamiento de diezmar, porque, ¿ves, cuando una persona mide nueve medidas y separa la décima parte? medite sobre el significado de "el décimo", que es el atributo 73 que da alimento a Su casa y abastece de alimento a todas las criaturas de arriba y de abajo. Y por esta razón, [nuestros sabios] dijeron, "nueve [adultos] y un menor pueden combinarse con ellos", 74 es decir, combinados para hacer un minyan de diez para birkat ha-mazon (gracia después de las comidas) en el que uno puede incluir las palabras, "Bendigamos a nuestro Dios, "El señor a cargo de saciar a toda criatura con comidas, cuyo rostro todo israelita vendría a ver ya quien agradecerían por el apoyo con el que Él sostiene a Su mundo.

12Por lo tanto, solían venir a Él tres veces al año para las fiestas de peregrinaje: Pascua, Shavuot y Sucot, en la fiesta de la Pascua porque es el mes de Aviv, el tiempo de la cosecha de la cebada; en la festividad de Shavuot porque es el momento de la cosecha del trigo, y en la festividad de Sucot porque es la época de la recolección cuando todos los frutos se recolectan en el hogar. Y es por eso que está escrito, "[tres veces al año todos tus varones verán] el rostro del señor YHWH, el Dios de Israel ", 75 y está escrito, "nadie verá mi rostro", 76 es decir decir, sin un sacrificio, porque tendrían que llevar en ningún caso la olá y shlemimofrendas, y a través de esto el mundo sería bendecido con sus alimentos y sustento del flujo de bendición de la fuente al pozo, y del pozo al huerto, y del huerto a los cuatro ríos del huerto del Edén del mundo inferior, cuyos habitantes son bendecidos desde allí a lo largo de los cuatro rincones del mundo. Entonces se encuentra aprendiendo que cuando una persona se para sobre su mesa y come con este pensamiento en mente, ¡mira! Esta comida es realmente una actividad física y natural, ¡pero mira! También gira en una forma intelectual superior de adoración, y esta es la razón por la que está escrito: 'Conózcalo en todos sus caminos', 77como comenté anteriormente. Y si es así, verá cómo se piensa que comer es un acto perfecto de adoración como una de las formas de servicio divino [es decir, los sacrificios], y el mandamiento por excelencia de todos los mandamientos. Y este es el punto de tener la intención correcta en una comida en la mesa: que el cuerpo sea nutrido por ella y tome su porción corporal de la comida corporal, y el alma por este acto de pensamiento se llene, alimente y satisfaga como si de las partes más selectas de "comer de verdad" de los caminos de Ha-Shem y Su agradabilidad, y con respecto a esto se dice: 'Tu mesa está dispuesta con comida rica'. 78

Puerta 3

1Una explicación de la ética y la etiqueta con las que se requiere que una persona se comporte en la mesa.

2Es bien sabido que la ética [ha-musar] está relacionada con la Torá, porque así está escrito: "El que sigue la ética [musar] muestra el camino a la vida", y dijeron explícitamente: "Si no hay derekh eretz [etiqueta], no hay Torá ". 1 Y es por la ética y la etiqueta que aconsejamos que ninguna persona se recueste en la mesa hasta que sepa quiénes son sus compañeros invitados y con quién se reclinará. Y así aprendimos de las leyes de Derekh Eretz : "Una persona siempre debe saber con quién está parado, con quién se reclina y con quién pone su sello en sus documentos". 2

3Es una buena etiqueta que una persona honre a su compañero dejándolo lavarse las manos primero con el lavado antes de la comida, pero no con el lavado después de la comida, porque para el lavado después de la comida, sus propias manos están sucias. Porque hemos aprendido, "No se honra con las manos sucias, ni en las calles, ni en los puentes, ni en una entrada lo suficientemente pequeña para una mezuzá " 3.porque mientras las manos estén sucias, no es de buena educación demorarse en lavarse las manos para honrar a otra persona, pero quien se lava las manos primero merece estar en estado de pureza. Una persona no debe sentarse a comer encima de alguien que sea mayor que él en años, porque esto transgrediría la regla de la ética; de hecho, uno debería asumir que, debido a que alguien es mayor que él, tal vez sea más grande en méritos que él (y no hace falta decirlo, más grande que él en sabiduría), porque no querría transgredir la ley de la Torá ni desechar la ley. yugo de reverencia por los discípulos de los sabios.

4Una persona debe ser modesta al comer y beber, no tener mal genio en la mesa, 4 no comer ni beber de pie, ni comer antes de la cuarta hora del día. 5 Cuando dos están comiendo, cada uno espera que el otro tome del plato, pero con tres, uno no espera. Una persona no debe tomar en la mano una porción más grande que un huevo, porque eso es ser un glotón. 6 No se debe limpiar el plato con los dedos, no comer de una cabeza de ajo o cebolla, sino de sus hojas. 7 Y uno no debe morder un trozo de comida y luego dárselo a su compañero, porque no todas las criaturas sienten lo mismo [acerca de lo higiénico que sería esto]. 8Uno no debe morder un trozo de pan con los dientes y luego devolverlo a la mesa. Una vez sucedió que hubo alguien que tomó un trozo de pan y lo dejó colgar de sus dientes. R. Akiba le dijo: "No es así, hijo mío. También podrías ponerle el talón y arrancarlo ". 9 Una persona no debe beber su copa de un trago, y si lo hace, es un glotón. Dos sorbos son corteses; tres sorbos, vulgar. 10 No se debe beber de la taza y luego dársela a su compañero debido al riesgo para la salud. Una vez le sucedió a R. Akiba, cuando era un invitado en la casa de alguien, que su anfitrión le dio una taza de la que había bebido. R. Akiba le dijo: "Bébelo tú mismo". Ben Azzai le dijo a él (el anfitrión): "¿¡Cuánto tiempo vas a seguir dando tazas de R. Akiba de las que se han bebido !?"11 Una persona no debe poner el plato encima del pan. Una vez le sucedió a R. Akiba cuando era un invitado en la casa de alguien que su anfitrión tomó un trozo de comida y puso el plato sobre él. R. Akiba lo agarró y se lo comió. Le dijo a su anfitrión: "¿Cómo puedo imaginar que te lastimaría el agua tibia cuando ni siquiera el agua hirviendo te lastimaría?" 12

5Cinco son las cosas que dijeron sobre el pan: (1) No pongas carne cruda en el pan; (2) no ponga la taza encima del pan; (3) no ponga el plato encima del pan; (4) no tires el pan; y (5) no se siente sobre la comida, así se enseña en las leyes de Derekh Eretz . 13 Alégrate por tu mesa cuando lleguen los hambrientos y disfruta de tu mesa, porque eso alargará tus días en este mundo y te ganará la vida en el mundo venidero. Y también de Derekh Eretzaprendemos: "Que ningún invitado diga, 'Dame y comeré', hasta que le hablen, aunque no es necesario decir explícitamente que debe comer cuando en la mesa frente a él hay todo lo que necesita y está capaz de comer. Porque así está escrito en la Torá: "Pero cuando le sirvieron la comida, dijo: 'No comeré hasta que haya dicho lo que tengo que decir'". 14 ¿Quién le dijo algo a Eliezer acerca de comer para que él respondiera? , "No comeré", a menos que él respondiera al hecho de que la comida fue preparada, puesta delante de él y para que la comiera? No había nadie que se interpusiera entre él y su comida para que él le dijera "lo haré" o "no comeré".

6No se mira directamente al rostro de quien está comiendo en la mesa, ni al plato, ni a la ración que se le pone delante, para no avergonzar a nadie. El servidor de la mesa no come en presencia de los comensales, pero le dan un poco de cada plato por bondad, para que su corazón no se avergüence. Un anfitrión que ha comido antes que su invitado, ¡es una desgracia! Cuando hay dos sentados a la mesa, el mayor llega primero a coger la comida y luego el menor. Y quien extienda la mano ante alguien mayor que ellos, ¡es un glotón! Uno deja una "esquina" de comida sin comer en una tetera pero no en una olla. 15Le sucedió al rabino Yehoshua cuando era un huésped en la casa de una viuda, que ella le trajo una olla para estofar, y él no dejó un "rincón". Ella le trajo un segundo, y él no dejó un "rincón". La tercera vez arruinó el plato con sal. Retiró la mano y solo comió pan. Ella le dijo: "¿Por qué tomaste tanto pan cuando tomaste tan poco de los frijoles machacados?" Por lo tanto, el rabino Yehoshua dijo: "Nadie ha ganado lo mejor de mí, excepto una mujer que era viuda, un niño y una niña". Porque le sucedió al rabino Yehoshua cuando caminaba por un sendero a través de un campo, que encontró a una niña que estaba sentada en el campo. Ella le dijo: "¿Por qué estás caminando por el campo?" Dijo: "Estoy caminando por un sendero". Ella dijo: "Si este es un camino, es solo porque ladrones como tú lo han pisoteado en uno". Y otra vez, Le sucedió al rabino Yehoshua cuando caminaba por un sendero a través de un campo, que encontró a un niño pequeño sentado donde el camino se dividió en dos. Le dijo al niño: "Hijo mío, ¿qué camino me llevará a la ciudad?" Él le dijo: "Hay dos caminos frente a ti: uno largo y uno corto; el otro corto y largo ". Rabí Yehoshua tomó el camino corto y largo. Cuando llegó a la muralla de la ciudad, vio jardines y huertas rodeando la ciudad. R. Yehoshua se volvió y vio al niño sentado donde había estado antes. Él le dijo: "Hijo mío, ¿no te pregunté qué camino me llevaría a la ciudad?" Él respondió: "Tú eres el viejo sabio; ¿No eres lo suficientemente sabio para averiguarlo? " Ante eso, el rabino Yehoshua fue a besarlo en la cabeza y dijo: "¡Feliz eres, Israel, porque todos ustedes son sabios, desde el mayor hasta el menor!16 "

7El anfitrión entra primero en la casa, luego el invitado después de él. Y cuando el invitado se va, el invitado se va primero, luego el anfitrión después de él. 17 Uno debe tener cuidado de decir birkat ha-mazon si el padre, el maestro o alguien más sabio que él está en la mesa, a menos que obtenga su permiso. Y si hay un kohen entre ellos, uno debe ceder ante el kohen, porque así está escrito: "Y lo santificarás", 18 y los sabios interpretaron esto en un midrash en el sentido de "lo santificarás en todo lo que involucre santidad, como dejarlo abrir primero, decir una bendición primero, tomar la porción más bonita primero, ya que se requiere que una persona otorgue honores a la simiente de Aarón. 19Y si hay un kohen que es un talmid hakham (es decir, un erudito de la Torá) 20 y un judío común que es un talmid hakham , y el kohen desea otorgarle un honor, puede hacerlo. Porque se dice acerca de un kohen , "Lo harás santo [ve-kidashto]", pero también se dice acerca de los israelitas comunes y corrientes "Establecer límites alrededor de la montaña y santificarla [ve-kidashto]", y en toda la Torá sólo hay estas dos apariciones de " ve-kidashto :" una al principio del versículo y la otra al final del versículo. 21 Esto viene a enseñar sobre el kohen, que su grandeza llega cuando comienza las cosas, como abrir primero o decir una bendición primero. Pero el talmid hakham , su grandeza viene al final, que derivamos de lo que está escrito, "a los santos [la-kedoshim] que están en la tierra", 22 que los sabios interpretan en un midrash como los santos no son llamados "santos" hasta que se les ha dado su "tierra". 23 como se dice, "se vuelven santos [la-kedoshim] - los que están en la tierra". 24 Pero acerca de ellos durante su vida está escrito: "No debe confiar en que está entre sus santos". 25

8Así sucede con el talmid hakham en este mundo; su gloria está al final, como dicen sobre el rollo de la Torá: "el talmid hakham enrolla el rollo de la Torá al final". 26 Un judío ordinario que es un talmid hakham debe conferir honor al kohen dejándolo ir primero, siempre que el kohen sea un talmid hakham . Pero si el Judio ordinaria fueron un jajam talmid y el Kohen un ' am ha-'aretz, 27 de la jajam talmid dice la bendición primero, por lo tanto, dijeron en el Talmud en el tratado Horayot del orden de los estados: "Un hijo ilegítimo [mamzer] quien es un talmid hakham tiene precedencia sobre el Sumo Sacerdote si es un 'am ha-'aretz

". 28 Si alguien que no es un talmid hakham , impulsado por su orgullo y necesidad de dominar, quiere decir una bendición sobre la mesa en lugar de un talmid hakham , el talmid hakham puede que no le dé permiso para hacerlo. Y así decían en la sección del Talmud sobre "conciudadanos": "Cualquier talmid hakham ante quien un 'am ha-'aretz , incluso si es el Sumo Sacerdote, dice una bendición, merece morir", como se dice dijo: "Todos los que me odian [mis'anai], aman la muerte". 29 No leas esto comomis'anai (los que me odian), pero como masniy-ai (los que hacen que la gente me odie) ". 30 Dijeron en las leyes de Derekh Eretz: "No comas el pan de un sacerdote 'am-ha-'aretz [kohen] para que no te dé de comer las cosas santas dedicadas al cielo". 31

9Quien entre en una comida no debe tomar su porción y dársela al servidor de la mesa, no sea que suceda algo durante la comida que la eche a perder. Más bien debería tomarlo y dejarlo a un lado, y luego dárselo. 32 A los que entren en la casa de un anfitrión no se les permite recoger nada que tengan delante para dárselo al hijo del anfitrión, a su sirviente ni a nadie que lo represente, a menos que hayan obtenido el permiso del anfitrión. 33Una vez le sucedió a alguien cuando tres invitados entraron a su casa durante un período de sequía, que colocó delante de ellos tres huevos. El hijo del anfitrión se acercó y se paró frente a ellos. Uno de los invitados tomó su parte y se la dio, y también el segundo invitado, y luego el tercero. Cuando el anfitrión vio los tres huevos en las manos de su hijo, lo levantó con fuerza y lo estrelló contra el suelo, y murió. Entonces su madre, al ver a su hijo muerto, subió a la azotea y se lanzó a la muerte. Cuando su padre vio esto, él también subió a la azotea y se lanzó a la muerte. 34

10Si el anfitrión mismo quiere servir a sus invitados, puede hacerlo, incluso si el anfitrión es un talmid hakham . La razón es por esto: 35 Si un maestro ha renunciado a la honra que le corresponde, su renuncia a la honra es renunciada, como se dice: "El Señor iba delante de ellos de día". 36 ¡ Eso contradice esto! ¿O lo hace? Es el Santo Bendito sea el mundo, y si Él quiere renunciar a Su honor, depende de Él. 37 Y continúa diciendo que es la Torá del maestro (y el honor) una vez que la ha aprendido, como se dice, "estudia su Torá día y noche". 38 Y también dijeron, si una nasi (autoridad política) ha renunciado a su honor, se renuncia a su renuncia al honor. 39Les sucedió al rabino Eliezer y al rabino Yehoshua cuando estaban reclinados en el salón de banquetes del hijo de Rabban Gamaliel el Mayor, que Rabban Gamaliel les estaba sirviendo algo de beber. Le dio una taza al rabino Eliezer, quien la rechazó, y al rabino Yehoshua, quien la aceptó. Rabí Eliezer le dijo: "¿Qué es esto, Rabí Yehoshua? ¡Estamos sentados, pero Rabban Gamaliel, el hijo de Rabbi, está de pie y nos sirve algo de beber! ". Él respondió: "Tenemos un precedente para que los grandes actúen como meseros. Abraham fue el más grande de su generación, y de él está escrito: "Y él se puso sobre ellos debajo del árbol y comieron". 40Para que no objetes que se le aparecieron como ángeles celestiales, por el contrario, se le aparecieron como árabes. Entonces, en cuanto a nosotros, ¿por qué no debería Rabban Gamaliel, el hijo de Rabbi, esperar por nosotros? El rabino Sadok les dijo: "¿Hasta cuándo van a pasar por alto el honor de Dios y ocuparse del honor de los mortales? El Santo Bendito sea Él hace soplar los vientos y levanta gobernantes, hace caer el rocío y hace crecer las plantas de la tierra; Pone una mesa delante de todos y cada uno. Entonces, en cuanto a nosotros, ¿por qué no debería Rabban Gamaliel, el hijo de Rabbi, pararse y atendernos? 41

Puerta 4

1Explicación de las comidas preparadas para los justos en el tiempo venidero

2Algunas de las comidas que se preparan en el mundo venidero son corporales e intelectuales, tanto para el cuerpo como para el alma. Y hay algunas comidas intelectuales para las almas que están solas sin el cuerpo, y disfrutan para siempre de esos mismos mundos donde todos y cada uno residen según su nivel. Las comidas corporales les han sido reservadas desde el principio, los alimentos puros y refinados creados a partir de la luz celestial a través de una cadena de causas. Y son: Leviatán entre los peces, Bar-Yokhnai entre las aves, que fueron creados el quinto día, y Leviatán se llama así porque está ordenado para los justos, y también el Behemot de los mil montes, 1que fue creado en el sexto día con la creación del ser humano, pero antes que él. Y la calidad de estos alimentos es muy profunda; pueden penetrar en el intelecto y purificar el corazón, como el maná que mereció la generación en el desierto, que era "como obleas en miel", 2 y era un vástago de la luz superior, sobre la cual está escrito: "Dulce es la luz, y bueno a los ojos, ver el sol ". 3 Y es posible que su calidad sea mayor que la de los que comieron el maná, porque en la medida en que la percepción al final de los días será mayor y más elevada que todas las veces anteriores, los corazones serán lo suficientemente amplios como para incluir el conocimiento de Ha-Shem (Bendito sea) en su plenitud, como "aguas que cubren el mar", 4y esto será en el tiempo del Mesías más y más grande que la generación del desierto que salió de Egipto, habituada al trabajo duro, levantando sus manos del barro y sus "palmas recién salidas de la caldera". 5 Porque este tiempo será el tiempo perfecto y elevado, siguiendo la voluntad del que habita en la zarza, lo que no es así en este mundo, porque no sigue su voluntad. Y es por eso que arreglaron la redacción del Kadish para decir, ' be-alma dibra khe-r'utay'[' en el mundo que Él creó según Su voluntad '], por lo tanto oramos por el tiempo del Rey Mesías que en el futuro el Santo Bendito sea Él creará según Su voluntad. Y la prueba contundente de esto es que este mundo en el que nos encontramos ahora, en su conducta de hecho no sigue Su voluntad, porque aquí, cuando Adán pecó a causa de la serpiente, fue en contra de Su voluntad, porque de hecho fue Su voluntad que Adán vive para siempre, para que nunca muera. Y así la intención de la creación fue originalmente que ninguna criatura cruzara la línea de servir a su Creador, y debido a que el diseño del Santo Bendito Sea no se cumplió, sino que el diseño del Adversario, sin embargo, este mundo mismo necesariamente. volverá al final que era el deseo de su Creador en sus inicios. Y porque rezamos por este mismo momento, La formulación del Kadish se fijó en el idioma arameo, de modo que los ángeles ministradores no lo reconocerían ni entenderían, porque si lo entendieran, estarían celosos de nuestro estado en ese momento y orarían por la demora de la redención. Por lo tanto, buscamos misericordia para el nombre YAH como está escrito con respecto a él, "Por la mano en el trono de YAH",6 que Su nombre será "engrandecido y santificado", es decir, el "nombre Yah será grande y bendito" [yehay shmay (= shem yah) rabah mevorakh], es decir, que tanto Su nombre como Su trono serán completos, en ese mundo que Él creó según Su voluntad, todo volverá a ser como era al principio. Y tengo pruebas contundentes de esto de que no es necesario que yo profundice, ya que mi intención en esta Puerta es solo dar una explicación de las comidas corporales e intelectuales preparadas para los justos en su cuerpo y alma, y para las comidas intelectuales que son solo para el alma sin el cuerpo. Y nadie con entendimiento debería sorprenderse si los justos recibirán comidas físicas reales, que se deleitarán tanto en cuerpo como en alma. Porque mira, en el huerto del Edén, que tenía en su tierra un árbol de la vida que podía dar vida eterna a los que comían de él, ya fueran buenos o malos, y había agua y pastos en él, que sin duda, algunos de ellos daban vida, otros mortales, algunos de ellos saludables, otros que te enfermarían. Y así está escrito en la Torá: "Allí les hizo una regla fija, y allí los puso a prueba".7 Y la opinión de nuestros rabinos era que la madera era amarga, y el Santo Bendito sea Él endulzó lo amargo con algo amargo, un milagro dentro de un milagro, y así nuestros sabios enseñaron en un midrash: 8 "'El Señor le mostró [a Moisés] un trozo de madera'. 9 El rabino Elazar dice que era difícil de pagar, 10 R. Nathan dice que era madera de olivo, 11 y hay otros que dicen que eran las raíces de una higuera ". En cualquier caso, fue amargo. Y entonces encuentras escrito sobre Eliseo, "El agua es mala y la tierra causa duelo", 12 y está escrito, "Tráeme un plato nuevo y ponle sal", 13 y eso "curó" el agua. 14El rabino Simón ben Gamaliel dice cuánto más maravillosos son Sus caminos que los caminos de carne y hueso. Pone una cosa dañina dentro de una cosa dañina para hacer un milagro dentro de un milagro. 15 Además, podemos enseñar aún más midrash acerca de esto, porque ustedes saben que la Torá tiene setenta caras, porque cuando dice en el versículo: "Allí los puso a prueba", 16 es decir, allí Moisés probó este planta, y estaba fuera de la ciencia el Santo Bendito sea Él le enseñó que conocía el poder de esta planta, sobre su naturaleza o su virtud, que era endulzar lo amargo. Y entonces usa la expresión: va-yorehuHa-Shem (es decir, "el Señor lo instruyó"), en lugar de va-yar'ehu("Él le mostró"), 17 porque tenía que hacer que Él le enseñara sobre esto; el Santo Bendito sea Él le enseñó la ciencia de las plantas que Él creó - acerca de su naturaleza para revivir y matar, sanar y enfermar, endulzar y amargar. Y esta es la connotación de la expresión hok u-mishpat ("estatuto y ley"): 18 hok es su virtud cuya razón no se conoce, y acerca de mishpat , nuestros rabinos z "l dijeron:" Y el Señor lo instruyó [acerca de] el árbol "- es decir, su naturaleza, que por ley es así en su naturaleza. Y está conectado inmediatamente a "Si escuchas al Señor tu Dios con diligencia, haciendo lo recto ante sus ojos, prestando oído a sus mandamientos y guardando todos sus hukim ["Estatutos"], entonces no traeré sobre ustedes ninguna de las enfermedades que traje a los egipcios, porque yo, el Señor, soy su sanador ". 19 La Escritura nos advierte que no confiemos la esencia de nuestro bienestar al poder de las plantas, sino a guardar los mandamientos, porque ellos son la esencia. Y al guardar los mandamientos, Él los mantendrá saludables y evitará que se enfermen. Y era necesario decir esto, porque es posible que los mortales, errando y tropezando en su conocimiento de los poderes de estas plantas, les confíen el núcleo de su bienestar y desesperen de buscar misericordia del Maestro de la Misericordia. (Bendito sea) "en cuya mano está toda alma viviente". 20Y esta es la razón por la que el rey Ezequías escondió el Libro de las Curas, para que los seres humanos no tropezaran con ellos, y los sabios le agradecieron por esto. 21

3Y ahora que te he explicado todo esto, deberías meditar en la idea de que si en este mundo encuentras que las cosas son así de acuerdo con la naturaleza y sus virtudes inherentes, tanto más será el caso en ¡el fin de los tiempos cuando la naturaleza se renovará y cambiará para mejor para satisfacer las necesidades de todo lo que se ha creado en función de su estado! Y no hace falta decir para el estado del pueblo de Israel y los justos entre ellos, que el Santo Bendito sea Él renovará los tipos de placeres y comidas, así como Él los hará una nueva creación, en quien el fluir de inteligencia y la capacidad de profecía se ha fortalecido. Y si el corazón del hombre que piensa que es tan inteligente se opone a esta idea, y dice que las palabras de los sabios z "l se basan en los pilares de la ciencia y el esplendor del intelecto, y que todos ellos están de acuerdo con la razón, y que no hablaron ni dijeron una palabra excepto por medio de la alegoría , y la comida del Leviatán no es física, sino solo una alegoría de la capacidad intelectual y "el paquete de la vida eterna", le diremos en respuesta: estamos obligados por necesidad a creer que las palabras sobre una comida física se refieren literalmente a una comida física, y no solo a una experiencia intelectual. Para ver lo que dijeron en el Perek Ha-Sefinah ("El barco"): y la comida del Leviatán no es física, sino solo una alegoría de la capacidad intelectual y "el paquete de la vida eterna", le diremos en respuesta: estamos obligados por necesidad a creer que las palabras sobre una comida física se refieren literalmente a una comida física, y no solo a una experiencia intelectual. Para ver lo que dijeron en el Perek Ha-Sefinah ("El barco"): y la comida del Leviatán no es física, sino solo una alegoría de la capacidad intelectual y "el paquete de la vida eterna", le diremos en respuesta: estamos obligados por necesidad a creer que las palabras sobre una comida física se refieren literalmente a una comida física, y no solo a una experiencia intelectual. Para ver lo que dijeron en el Perek Ha-Sefinah ("El barco"):22 R. Yohanan dijo: El Santo, bendito sea, en el futuro hará un banquete para los justos de la carne de Leviatán; porque está dicho: "Los compañeros harán un banquete con él [yi khr u 'alav habarim]". 23 Kerah debe significar un banquete; porque se dice: "Y les preparó [va-yikhreh] un gran banquete [kerah] y comieron y bebieron". 24 "Compañeros" [habarim] debe significar eruditos porque se dice: "los compañeros escuchan tu voz; hazme oírlo ". 25 El resto [de Leviatán] será distribuido y vendido en los mercados de Jerusalén; porque se dice: "Lo repartirán entre los Kena'anim ". 26

4Y ya sabías que las palabras de nuestros rabinos siguen los medios de expresión de la Torá, por lo que en la Torá hay alimentos permitidos y prohibidos: esto lo comerás; esto no comerás, y está escrito, "de su carne no comerás". 27 No dirías que esto es una alegoría, ¡Dios no lo quiera! - pero es el significado literal real. Y entonces continuaron diciendo El Santo, bendito sea, en el futuro hará una sucá para los justos de la piel de Leviatán; porque se dice: "¿Puedes llenar sucot con su piel?" 28 Si un hombre es digno, se le hace una sucá ; si no es digno, una sombra [tzel] está hecho para él, porque se dice: "Y su cabeza con un pez que cubre [bi-tziltzel]". 29 El resto [del Leviatán] será esparcido por el Santo, bendito sea, sobre los muros de Jerusalén, y su esplendor brillará de un extremo al otro del mundo; como está dicho: "Y las naciones caminarán a tu luz". 30

5De todo esto se explicará explícitamente que las palabras se entienden literalmente: sobre la carne real de Leviatán, sobre su piel real. 31 La carne real de Leviatán será la comida de los justos que "se molestaron" con la Torá y las mitzvot, y su piel real para hacer que su morada brille a fin de proclamar su alto estatus entre las naciones, cómo sirvieron al Santo Bendito sea Él y se apoderó de Su Torá y Sus cualidades, a lo que está escrito aquí se refiere: "Y llegarás a ver la diferencia entre el justo y el malvado, entre el que ha servido a Dios y el que no le ha servido a Él. . " 32 Y asimismo está escrito: He aquí, mis siervos comerán, y tútendrá hambre; Mis siervos beberán, y tendrás sed... Mis siervos clamarán de alegría y tú clamarás de angustia, aullando de angustia. 33

6Y en relación con esto también encontrará que se dice claramente en Perek Helek 34 que en el futuro la altura humana [komot] volverá a doscientos codos, y también enseñaron esto en un midrash de la misma manera en Perek Sefinah: 35 "Yo te conducirá komamiyut ", 36 R. Meir dice: [significa] doscientos codos, el doble de la altura de Adán. R. Judah dice: Cien codos; correspondiente a la [altura del] templo y sus muros. Porque se dice: 'tallado a la manera del Templo. 37 Pero en la medida en que dijo, 38El Santo, Bendito sea, en el futuro traerá piedras preciosas y perlas ... y cortará en ellas [aberturas] de diez por veinte codos, y las colocará en las puertas de Jerusalén, como se dice: " y tus puertas de piedras de carbunclo " 39, por lo que parece que la altura no será más de veinte codos. Por lo tanto, hay que decir que no se habla de las puertas de las casas, porque ¿cómo podrían entrar a esa altura? Sino más bien, son ciertamente las puertas de las ventanas de las que se habla. Y ya sabías que parahat " Im Behukotai"Es una promesa de lo que sucederá en el futuro, porque lo que dice nunca existió en los dos Templos, ni en el Primero ni en el Segundo Templo. Porque lo que está destinado en la Torá a través de sus promesas no es todo shlemut, sino que sucederá en el futuro después de que el antiguo pecado haya sido expiado, que nunca ha ocurrido en ningún momento, y esto es lo que nuestros sabios z "l enseñaron en un midrash: 40 Cuando David salió a la guerra, mató a ochocientos a la vez, pero se arrepintió de los doscientos [habría matado], para cumplir lo que se ha dicho: "¿Cómo se pudo haber derrotado a mil?" 41 Una voz del cielo salió y dijo: "Si no fuera por el asunto de Urías el hitita". 42

7Y debes entender ahora que se sabe, que debido al pecado de Adán su estatura disminuyó, como nuestros rabinos enseñaron en un midrash: 43 "Pero cuando pecó, el Santo Bendito sea, puso Sus ojos sobre él y lo disminuyó y lo redujo a mil codos, 44 porque está escrito: "Me cercas por delante y por detrás; Pones tu mano sobre mí. 45No es de extrañar que cuando el pecado haya sido expiado y el decreto haya sido cancelado, su altura volverá a su medida original, porque de hecho la altura fue disminuida solo por el pecado, que hizo que el clima empeorara, pero en esta vez toda la obra de la creación cambiará para mejor y volverá a su perfección y virtud, tal como era en el tiempo de Adán antes del pecado, y entonces las alturas se harán más grandes y volverán a su medida original, y todo Israel se regocijará y disfrutará del reino de Shaddai, y habrá un flujo de percepción y placer en el cuerpo y el alma, una enorme "parte del Rey" de bendición. 46Y ahora que les he explicado todo esto, ningún racionalista debería dudar de ahora en adelante que la comida física preparada para los justos, porque estas cosas habían sido creadas en ese entonces con esta intención: que de ellas vendría en el futuro la recompensa. para los justos - que se deleitarán en estas comidas con sus cuerpos . Y ya nuestros sabios dijeron que Moisés Nuestro Maestro (la paz sea con él) estará con ellos sirviendo estas comidas. Encontrará un indicio de este asunto en la Torá en las bendiciones de Jacob (la paz sea con él) cuando dijo: "Hasta que venga Siloh", 47 es decir, hasta que Moisésvendrá. Porque quería insinuar la venida del redentor "más cercano" por el cual Israel sería redimido de Egipto; y el último redentor más distante está incluido en este que vendrá en la redención futura. Y esto también es: "Hasta que venga Siloh". 48 La expresión servirá para referirse a las dos redenciones: la primera, más cercana en el tiempo, y la última, más lejana. Y así dijeron en un midrash acerca de Moisés nuestro Maestro (que descanse en paz): " shihula kardona - el desollador para preparar una comida, que fue sacado" - la explicación de " shihula " , es Moisés, que es de el arameo [shihaltay] para el hebreo, "lo saqué" (Éxodo 2:10). 49Y un "desollador" (para preparar una comida) es un tipo de carnicero o cocinero. Así que aquí el objetivo de la intención de estas comidas corporales es ser un dispositivo para refinar el cuerpo y la materia y agudizar la mente para que alcance el conocimiento del Creador (que Él sea bendecido) y medite en los seres puramente inteligibles. y entonces las almas por esta mirada de sus cuerpos se volverán aptas para el banquete intelectual del que comen los mismos ángeles ministradores que están cerca de la Shekhinah, porque entonces el alma percibirá la luz brillante que es imposible percibir mientras esté atrapado en la materia.

8Y este fue el tema de lo que preguntó Moisés cuando dijo: "¡Por favor, déjame contemplar Tu Presencia!" 50 Aquí debería preguntarse, ¿Moisés estaba pidiendo algo posible o imposible? Si por algo es posible, ¿por qué Dios lo rechazó y dijo: "No puedes ver mi rostro"? 51Y si por algo imposible, ¿por qué preguntó? Y la respuesta a esto, estrictamente hablando, es que Moisés buscó percibir algo mientras aún estaba en un cuerpo material, lo que percibiría solo después de haber sido separado de la materia. Y la razón por la que se le ocurrió preguntar fue porque vio que ya había estado en el monte Sinaí durante cuarenta días, y el poder de su carne se había atenuado y la materia terrenal en él se debilitó con el aumento de la luz sobre él. por el cual los rayos de luz brillaban en su rostro. Así que pidió mientras aún estaba hecho de materia como si no lo fuera, que no se le impidiera percibir lo que percibiría después de la separación (de su alma de su carne). Y el Santo Bendito sea le respondió: "Porque el hombre no puede verme y vivir". 52es decir, pase lo que pase, porque todavía eres un hombre, te es imposible percibir mientras aún eres material lo que percibirás sólo después. Y así dijeron en el Midrash, 53 "Porque el hombre no puede verme y vivir: 54 mientras están vivos no ven, pero después de su muerte sí ven". Y esto es después de la separación del alma de su forma material. Y es posible especificar además que "tras su muerte" significa cuando están a punto de morir, como en el tema que discutieron en Midrash Deuteronomio Rabáh Parashat Ekev, 55 "Cuán abundante es el bien que tienes reservado para los que temen Usted. 56'Sucedió que cuando R. Abbahu estaba a punto de morir, vio el regalo de su recompensa, lo que el Santo Bendito sea que le iba a dar en el tiempo por venir, y todo el bien preparado para los mismos justos en el tiempo por venir. Entonces, cuando vio todos estos consuelos que habían sido preparados, exclamó: "¡Todos estos son para Abbahu!" e inmediatamente deseó morir y comenzó a recitar: "Cuán abundante es el bien que tienes reservado para los que te temen". 57

9Y es necesario que sepas que así como Israel mereció en el cruce del Mar Rojo dos maravillosos y profundos estados, y los mereció en cuerpo y alma, el primero, que cruzaron el mar sintiendo esto en sus cuerpos el gran milagro que se hizo para ellos con el mar dividido en doce divisiones diferentes, y las doce tribus, atravesaron estos cortes tribu por tribu durante su propio corte; el segundo, que su alma fue elevada y profetizaron allí y una sirvienta de Israel vio allí lo que Ezequiel ben Buzi nunca vio, por lo que en el futuro Israel merecerá dos estados en su cuerpo y alma. Comidas corporales de alimentos finos y puros que mencioné, y una comida intelectual solo para el alma del espíritu santo, porque así todo Israel ascenderá al nivel de la profecía, como se dice:58 y los más débiles entre ellos como David y la casa de David, como dioses, como un ángel del Señor delante de ellos. Esto será en el momento de la redención después de que las guerras hayan cesado e Israel esté de regreso en su propia tierra. Por lo tanto, uno no debería pensar que estas comidas no son asuntos corporales en el sentido literal. Además, encontrará que nuestros rabinos z"l lo explicaron [literalmente]:" En el futuro, el Santo Bendito sea hará un gran banquete para los justos en el futuro que vendrán de la carne del Leviatán. Cualquiera que no haya comido alimentos en bandeja prohibidos merecerá comerlos ". 59

10Y nuestros rabinos también enseñaron en un midrash: "Leviatán es un pez puro" [es decir, un pez kosher con aletas y escamas] como se dice, "Las capas de su carne se pegan", 60 y está escrito, "su las partes inferiores son fragmentos dentados " 61 - estas son las escamas que se le han fijado. 62 Y la comida intelectual tanto para el cuerpo como para el alma ocurrirá en el momento de la resurrección de los muertos. Y ahora les explicaré en lo que sigue sobre el mundo de las almas, que vendrá a los seres humanos después de su separación del mundo, y la materia del mundo por venir, que es despuésla resurrección y el asunto del gozo que el alma tiene en todos estos mundos juntos. Sepa que la comida intelectual para el cuerpo y el alma en el momento de la resurrección de los muertos, porque la rutina para el cuerpo se cancelará por completo, y otra rutina, maravillosa y nueva, la reemplazará, y la podredumbre moral, zohama ' . cesará del mundo, 63 y el Acusador será tragado, "no hay adversario [satanás] ni desgracia", 64 "el Señor hará algo nuevo en la tierra", 65 y las almas serán renovadas como el el águila se renueva; 66 todos serán nuevos, "obra de la mano del Artista", 67tanto más que con vasijas de vidrio. 68 Entonces los "hijos de la resurrección de los muertos", cuyo cuerpo y su alma han sido renovados, se deleitarán en la comida intelectual del mundo venidero, que es después de la resurrección, en la que no hay comida corporal en absoluto, y es con respecto a esta comida que nuestros rabinos z "dije, 69"Rav solía decir: 'En el mundo venidero, no hay comida ni bebida, ni envidia, ni odio, ni rivalidad, sino que los justos se sentarán con coronas en la cabeza y disfrutarán del esplendor de la Shekhinah. . '"Y esta declaración debería enseñar que existirán allí en ese mundo en cuerpo y alma, razón por la cual dijo" no comer ni beber ". Porque si no tuvieran allí cuerpo y alma, no habría necesidad de que Rav dijera "no comer ni beber por las almas", sino que ciertamente estarán allí en cuerpo y alma, y a pesar de eso, no habrá comida. y bebiendo. Porque sus poderes corporales serán suspendidos de ellos, como fueron suspendidos de Moisés y Elías 70(la paz sea con ellos). Y si se pudiera decir que los "vasos" de su cuerpo y alma no tienen ningún propósito, sí tienen un propósito, porque reciben la recompensa y el disfrute juntos, tal como trabajaron juntos en la Torá en cuerpo y alma. Porque el Santo, Bendito sea, Él no roba a ningún ser creado de su recompensa, y Él quiere que el cuerpo reciba su recompensa y no retendrá Su juicio. Porque aunque el alma es lo más importante, el cuerpo no es superfluo; porque también es de gran importancia, porque es la herramienta a través de la cual el alma revela sus actividades, y no tiene poder para realizarlas en acción sin ella. Siendo así, el cuerpo debe estar destinado con el don de su recompensa junto con el alma.71 que nuestros rabinos interpretaron en un midrash: Será como alguien que se echa sobras sobre sí mismo, aunque en verdad son "hijos de la resurrección de los muertos". 72 Y se podría decir más acerca de "y sus coronas en la cabeza", en la imagen de las coronas que se les dieron en el monte Sinaí. Este es el adorno que merecieron al recibir la Torá, como se dice: "Y los israelitas fueron despojados de los adornos del monte Horeb". 73 Nuestros rabinos enseñaron en un midrash: 74 "La armadura del Nombre inefable de Dios los ceñía. Pero cuando pecaron, se los quitaron, y Moisés los recuperó, y esto es lo que las Escrituras quieren decir con 'del monte Horeb'. Y Moisés tomaría la tienda '. 75Es decir, tomó todas estas marcas de estatus y tipos de luces para ellos, es decir, 'la tienda - ha -ohel ', que es como la expresión: ' be- halo nero - cuando Su lámpara brilló [sobre mi cabeza]. '" 76 Y así como la medida de su deleite es como la medida de deleite de Adán en el Jardín de las Delicias antes del pecado, las coronas sobre sus cabezas tienen la imagen de las coronas en el monte Sinaí antes del pecado. .

11Y sepan eso porque el cuerpo es el "manto" del alma, porque como el rey Salomón (la paz sea con él) habló sobre el tema de la resurrección de los muertos cuando dijo: "Me había quitado el manto; ¿Cómo me lo volveré a poner? 77 nos reveló explícitamente que el alma estará vestida con el mismo manto. Pero él dijo: "¿Cómo me lo volveré a poner?" - Es imposible que esto suceda en la naturaleza, pero solo mediante un milagro completo, maravilloso y profundo, volveré y volveré a usarlo después de haberlo quitado. Y lo dijo con asombro, no sin duda: ¡Dios no lo quiera! "Me había bañado los pies" 78 , es decir, después de haberme bañado los pies, ¿¡cómo es posible que retroceda en el mismo lodo !? Es mejor para mí permanecer en este nivel que volver allí. 79Todo esto proviene del asombro, pero "por cuanto el mandamiento del rey es autoritativo", 80 porque él nos prometió esto en la Torá que el alma volverá al cuerpo en la resurrección de los muertos, para recibir su recompensa o castigo, según al juicio que le viene. La explicación de este tema sobre el asunto de la resurrección de los muertos la completaré en esta Puerta. ¡Excava tras él, síguelo y consíguelo!

12Y saber y entender que se trataba de esta comida intelectual de la resurrección de los muertos que los rabinos z "l interpretaron en un midrash en el Tractate Pesahim : 81 " 'Y Abraham hizo una gran fiesta el día del destete [ja - higamel] , etc. ' 82 El Santo, bendito sea, en el futuro hará un banquete para los justos el día en que recompensará [yigamel hesed] la simiente de Isaac, y la copa de la bendición le será dada a Abraham para que la bendiga y él les dice: "No diré la bendición porque Ismael vino de mí". La copa de la bendición se le da a Isaac para que la bendiga, y él dice: "No diré la bendición porque Esaú salió de mí". La copa de la bendición se le da a Jacob para que la bendiga y él les dice: "No diré la bendición porque me casé con dos hermanas mientras ambas estaban vivas". La copa de la bendición se le da a Moisés para que la bendiga, y él dice: "No diré la bendición, porque no merecí entrar en la tierra de Israel". La copa de la bendición se le da a Josué para que la bendiga y él les dice: "No diré la bendición, porque nunca merecí tener un hijo. La copa de bendición se le estaba dando a David para que la bendijera, y él les dice: "Yo diré la bendición, y es justo que bendiga al Rey (sea bendito), Yo levanto la copa de la salvación e invocar el nombre del Señor ". 83

13Y la comida es para el mundo venidero después de la resurrección de los muertos, y "la copa de bendición"; esto es una alegoría, porque ya se explicó que el mundo venidero no tiene comida ni bebida, y viene para enseñarnos acerca del Rey David (la paz sea con él), que él es el primero de todos los justos en alabar al Santo, Bendito sea. Y dijeron en el Tractate Yoma : 84 "La copa de David en el mundo venidero serán doscientos veintiún troncos , como está dicho, 'Has ungido mi cabeza con aceite, mi copa rebosa [revayah].' 85 ReVaYa "H por gematria es numéricamente equivalente a doscientos veintiuno ". Todo esto es una alegoría en cuanto a las virtudes y alabanzas con las que lo alabará, y será ante todo en la condición de realeza. Y ya nuestros rabinos nos explicaron que él es el primero de todos los justos en el Huerto del Edén, que es el mundo de las almas, lo cual obtenemos de lo que dijeron que el Santo Bendito sea le dijo a Jereboam: "Arrepentíos, y luego yo, tú y el hijo de Isaí caminaremos con los justos en el Jardín del Edén". Él respondió: "¿Y quién estará a la cabeza?" Él dijo: "El hijo de Isaí". Él dijo: "Entonces no quiero". 86 Te encuentras aprendiendo que así como él [David] es el primero entre todos los justos en el Jardín del Edén, así, explicó, aquí en el mundo venidero después de la resurrección de los muertos, él es la cabeza de todos. de ellos y el primero en bendecir y alabar.

14Y sepan de hecho que el estado de las almas en el mundo de las almas llega justo cuando uno muere, mientras que el mundo venidero es después de la resurrección. Y es la esperanza de todas las esperanzas, no puede compararse ni compararse con nada de este mundo, ni representarse en la mente, porque su imagen no puede ser comprendida en el corazón de "nadie artísticamente habilidoso" 87.superando su capacidad para imaginar su esencia y calidad: cómo es y cómo las almas se deleitan con él. La razón de esto es que estamos hundidos en el mundo de los cuerpos gruesos y toscos, que es totalmente espeso y tosco, mientras que el mundo superior es totalmente elevación, refinamiento y pureza. De hecho, los dos son opuestos; es imposible pensar en aquello a lo que nos oponemos diametralmente. Al igual que para los peces, debido a que existen en el elemento agua y lo necesitan para existir y vivir, sería imposible para ellos recurrir al elemento fuego porque es su opuesto, por lo que estos dos mundos son opuestos, y " todo hombre resulta torpe, sin conocimiento " 88de la calidad del mundo por venir mientras esté en este mundo, e incluso los más sabios de los sabios son tontos al respecto. Y ya sabías que nuestros rabinos z "Dije que incluso los profetas no profetizaron sobre eso debido al hecho de que estaba escondido en su mayor parte, que es lo que dijeron en el Sanedrín: 89 " Todos los profetas profetizaron todo lo bueno cosas con respecto a los días del Mesías; pero en cuanto al mundo venidero 'Ningún ojo ha visto, oh Dios, sino Tú' ". Sin embargo, sabemos en general a través de lo que podemos inferir a través de la razón y de la Torá" que hace sabio al simple " 90 que así como el el cuerpo disfruta y se deleita [mitaden] en una agradable comida aromática de acuerdo con los estándares de placer del cuerpo, para que el alma disfrute y se deleite en este mundo superior. Sin embargo, su forma de deleitarse allí no se mide como las cosas corporales, que tienen medidas y dimensiones, sino que los seres superiores no tienen medida y dimensión, porque su estatus es grande, más allá de la concepción, y su forma de deleitarse más profunda que cualquier medida. . Y aunque el poder del cuerpo es débil e incapaz de imaginar en el corazón la existencia de los seres superiores y su deleite sin medida, el poder de los seres superiores y su perfección no es disminuido por seres inferiores, compuestos de materia. , que son incapaces de concebirlos, así como la sabiduría y la virtud humanas no se ven disminuidas por un tonto o una bestia que no pueden imaginarlas o concebirlas.

15Este es el tema de lo que "los sabios de la verdad" dijeron aquí: 91 Venid y ved cómo el camino del Santo Bendito sea no es el camino de la carne y la sangre. Para la carne y la sangre, un recipiente vacío puede contener algo, uno lleno no puede. Pero no es así para el Santo Bendito sea. El recipiente lleno puede contener, el vacío no puede, como se dice, "Si tan solo oyeran con seguridad". 92 La explicación de esto es que en la medida en que las cosas corporales tienen medida y dimensión, cuando están vacías se pueden llenar, pero cuando se las llena, no pueden contener más porque ya están llenas a su capacidad, y nada con capacidad puede contener algo más que su capacidad. Pero entre las cosas superiores, contiene lleno, ya que no tiene capacidad medida.

dieciséisY el mundo de las almas, esto es lo que los sabios llaman 'Jardín del Edén' (gan aden), y lo llamaron así a modo de alegoría, usando el ejemplo de cómo el cuerpo se deleita (mitaden) en un jardín. , y así está escrito sobre el Huerto del Edén en la tierra, 'Lo puso en el Huerto del Edén para que lo trabajara y lo cuidara' (Gen 2: 5) - este Jardín del Edén celestial es el mundo de las almas comparable pero en contraste con eso, y también se le llama 'Jardín del Edén', y es la recompensa por cumplir las mitzvoten el que el alma se deleita, utilizando la imagen del cuerpo deleitándose en un jardín. Y en la medida en que la Torá no especifica explícitamente en ninguna parte el asunto de que el Jardín del Edén esté destinado al alma como recompensa por las mitzvot, pero sí especifica las cosas corporales destinadas a Israel cuando regresen con toda seguridad a su tierra, cuando ellos tendrán "todas sus lluvias en su estación" 93 y con la abundancia de bendición y felicidad - este asunto se debe a que la Torá fue entregada a las masas de todosde Israel, y las masas no serían capaces de comprender las cosas intelectuales destinadas. Entonces, incluso si la Torá llegara a contar esto en breve, no encontrarían en ella ninguna forma de entenderlo, no estarían a la altura y sería para ellos como un sueño sin una interpretación. Y si la historia de esto continuara extensamente en las Escrituras, ¿no surgirían más dudas, cuanto más se escribiera al respecto? Entonces, por esta razón, la Torá no quiso seguir este camino, ni breve ni extensamente, porque las masas no creerían en nada de eso, hasta que vieran una señal o confirmación de ello con sus propios ojos. y por lo tanto la sabiduría de la Torá viene en una historia sobre recompensas físicas destinadas a venir, para profundizar sobre ellas ya que son preparación para la recompensa del alma, que es su "Jardín del Edén, "Y ya que son señal y confirmación de lo que no entenderían. Y por esta razón la Torá no lo menciona explícitamente en la historia del Jardín del Edén, y al ocultarlo no sea que se multipliquen las dudas y sobrevenga confusión en su comprensión, pero sí mencionó abiertamente cuál es la señal y la confirmación de ello. Entonces, esta razón es correcta y suficiente para todos los que entienden y disciernen que la Torá fue entregada a las masas. Sin embargo, el "intelectual comprometido" [Entonces, esta razón es correcta y suficiente para todos los que entienden y disciernen que la Torá fue entregada a las masas. Sin embargo, el "intelectual comprometido" [Entonces, esta razón es correcta y suficiente para todos los que entienden y disciernen que la Torá fue entregada a las masas. Sin embargo, el "intelectual comprometido" [maskil nilvav 94] quien profundiza en ella, encontrará todo en la Torá, "como la leche bajo presión produce mantequilla" 95 - quienquiera que se encuentre involucrado en la Torá, la leche que succione del pecho de su madre producirá la "mantequilla "De la Torá. 96 Y entonces usted, que es un intelectual comprometido: "¡Gírelo y gírelo porque todo está en él!" 97 Encontrará en el asunto de Enoc que "Y Enoc caminó con Dios" 98 Y este "caminar con Dios" es como el Targum lo tradujo al arameo, "Y Enoc caminó en el temor del Señor". 99 Enoc era un "hombre justo que gobierna en el temor de Dios", 100 como se dice, "porque Dios se lo llevó", 101- Se sabe que la "toma" fue por su virtud y bondad, porque era un hombre justo. Y si es así, de aquí obtenemos la explicación del asunto del "Huerto del Edén" para el alma de los justos. Y también encontrarás en la Torá en la parashá " Im be-hukotai " que es una promesa para el futuro, el mundo por venir, porque está escrito allí, "Te miraré con favor, 102 " y esto significa que "Mi buena voluntad [ratzon] estará unida a ti", y la "buena voluntad" de Ha-Shem (que sea bendecido) es la vida del mundo venidero. Esto es a lo que se refiere lo que está escrito: " hayyim birtzono " - "Cuando a Él le place , hay vida", 103 y así también está escrito allí, " Caminaré -hithalakhti - en medio de ti ". 104 Y lo que aquí está destinado no debe entenderse en la categoría de las cosas destinadas al cuerpo, sino de las destinadas al alma en el mundo venidero, que es a lo que se refiere cuando está escrito: "moverse - mithalekh - en la parte ventosa del día ". 105 Y nuestros sabios interpretaron esto en un midrash: 106 "' Va-hithalakhti be-tokhekham: caminaré en medio de ellos'. En el futuro, el Santo, Bendito sea, paseará con los justos en el Jardín del Edén ". Y de manera similar dijeron: "En el futuro, el Santo Bendito sea Él arreglará un" cinturón verde " 107para los justos en el Jardín del Edén, y Su Presencia estará entre ellos ". 108 El logro de este gozo para las almas se compara con un "cinturón verde" eterno sin fin, porque el círculo gira alrededor de un punto, y el punto está en el centro, razón por la cual el Talmud dice "Su Presencia estará entre ellos - beynahem . " Y de manera similar la Torá especificó "en medio de ustedes - be-tokhekham " , 109 porque Israel se compara con un círculo, y Él mismo con el punto central. Y después de que dijo: "Caminaré en medio de ustedes", dijo: "Seré su Dios", 110 y nuestros sabios z "interpreté esto en un midrash, 111"Y todos y cada uno de ellos le señalarán con el dedo, como está dicho:

'¡Mirad! ¡Este es nuestro Dios!" 112 La palabra "esto" es una alegoría de la concepción intelectual casi completa, como alguien que tiene conocimiento de algo que existe y lo reconoce claramente, y lo entiende como distinto de otras cosas. Y no debes entender "esto" literalmente, como lo que querrías decir si estuvieras parado frente a una persona y señalándola, sino más bien, es como lo que se quiere decir cuando la Torá dice: "Para este hombre Moisés ..." 113 que no estaba entre ellos, pero acerca de quién tenían conocimiento específico. Desde aquí 114Debe quedar claro para los iluminados que el mundo de las almas es el "Jardín del Edén" para el alma, pero la Escritura lo mezcla en la lista general de cosas destinadas al cuerpo, y dependía del intelecto de los iluminados para discernirlo de ellos, que no se le ocultaría como lo estaría a las masas.

17También encontrará en las palabras de Moisés al final de la Torá una promesa bien conocida sobre el mundo venidero, que es lo que está escrito, "¡Oh, feliz Israel! ¿Quién como tú, pueblo entregado por el Señor? 115 Porque especificó más arriba las recompensas físicas destinadas, cuando dijo: "Así Israel morará en seguridad, sin problemas será la morada de Jacob, en una tierra de grano y vino, bajo el cielo que gotea rocío", 116 por lo que lo conectó inmediatamente a " ¡Oh Israel feliz! " para decir "no creas que la única recompensa y recompensa que tendrás por cumplir las mitzvoth será en este mundo". Por eso decía: "Feliz [ashrekha] Israel", como enseñaron nuestros sabios en un midrash, "" Serás feliz [ashrekha] y prosperarás ", 117'Serás feliz' - en este mundo, y 'Prosperarás' - en el mundo venidero ". 118 Y después decía: "¿Quién como tú?" 119 es decir, quien entre todas las naciones es como tú, será "librado por el Señor", lo que significa la salvación [t'shua'at] del alma en el mundo de las almas, por lo que dijo: " entregado [nosha '] por el

Señor ". 120 Es como la expresión similar del profeta: "Israel ha sido entregado [nosha '] por el Señor, con salvación [t'shuat] eterna". 121 Y decía, "tu escudo protector" 122porque después de especificar la recompensa del alma y su salvación en el mundo de las almas, dio una señal para esto y dijo que Ha-Shem (que sea bendito) es su escudo, su protección y su "espada triunfante" [herev ge'utam], 123 es decir, algo de lo que podrían estar orgullosos [le-hitga'ot], de ahí "tu escudo protector". 124 Y esto incluso incluiría lo que midat ha-din arriba se llama - magen - "escudo", porque uno generalmente sostiene un escudo en la mano izquierda, y Él nos mantiene a salvo con él para que al protegernos, no tengamos que tener miedo. del enemigo que lo dominaba, así que David dijo: "Me has concedido el escudo de tu protección - magen yish'ekha" 125 - el escudo que te protege. Y explicó además, "Porque YHWH Dios es sol y escudo", 126 es decir, "el Gran Nombre" [de YHWH], la cualidad de Jacob, que se llama "sol". 127 Y entonces nuestros rabinos z "enseñé en un midrash," Jacob dijo: '¿Quién le reveló a él [José] que mi nombre [sh'my] era' sol '? " 128 Y llamó al midat ha-din celestial "escudo", y esto es lo que significa "Porque YHWH Dios es sol y escudo"; 129 por eso se especifica "Tu escudo protector, tu espada del orgullo" 130porque Israel tiene este éxito eterno y la victoria final sobre todos sus enemigos. Entonces, todo esto es una señal de que están apegados y serán entregados por Ha-Shem en el mundo de las almas. Si es así, entonces el relato de las cosas destinadas al alma en la Torá solo están allí por analogía y como una señal, así que pon tu corazón en las palabras de Moisés, cómo él quiso en el día de su muerte para "sellar" su palabras en el mundo superior, ¡comprendan esto!

18Y ahora que he explicado el tema del mundo de las almas, que se llama "Jardín del Edén" entre nuestros rabinos z "l, y les he revelado la razón por la cual la Torá no lo menciona explícitamente excepto a los" comprometidos intelectual "(la - maskil ha-nilvav), Ahora ampliaré para ti mi explicación del asunto del placer que se experimentará en la medida en que Adán lo experimentó originalmente en el Huerto del Edén antes del pecado, en el sentido de que ya sabías que la naturaleza del placer era muy grande y profundo, y que la mayor parte era el placer del alma, el menor el placer del cuerpo, que tenía tranquilidad, tranquilidad y paz mental como ninguna que puedas imaginar, y porque era todo intelectual ... cuerpo y alma en completo acuerdo para concebir a su Creador, e incluso el poder del Árbol de la Vida para causar la vida eterna al principio no le fue ocultado, pero después del pecado, cuando comió del Árbol del Conocimiento, fue solo después de esta comida, se le hizo seguir sus deseos y luchar por las necesidades del cuerpo más que por las necesidades del alma,actuando "todos como actuamos ahora aquí hoy".131 Y, por lo tanto, tuvo que tener sus días limitados y que la muerte lo dominara. Pero antes del pecado, podía deleitarse en el Jardín del Edén y deleitarse a sí mismo como quisiera, y esto es lo que significaba: "Y lo puso en el Jardín del Edén para que lo labrara y cuidara", 132 que Él colocó él en el huerto del Edén para que trabajara la tierra del huerto, y sembrara en él toda clase de productos, y plantara toda clase de árboles frutales, y su sustento procedía de los árboles del huerto, y su bebida de la tierra. ríos del Edén. Y su ropa era "las nubes de gloria", hasta que los ángeles ministradores se pusieron celosos de su estatus, y las cosas cambiaron por las razones que ustedes conocen. 133Es a este estado y a esta medida de alegría que los muertos que resuciten regresarán en el futuro, para deleitarse juntos en cuerpo y alma, y la mayor parte del placer será del alma, la menor parte. del cuerpo, como estaba con Adán antes del pecado. Por lo tanto, será necesario que cualquiera entre los resucitados de entre los muertos viva una vida larga o eterna, porque así el mundo volverá a su perfección como su Creador (exaltado sea) originalmente quiso.

19Y si piensas y "tu corazón te lleva" 134 a decir, ¿qué necesidad hay de la resurrección de los muertos, ya que las almas ya están en el nivel de las huestes celestiales, reunidas en vista impresionante de Ha-Shem el Rey de las huestes, 135 aquellos de los completamente justos que le sirvieron amorosamente con corazones sinceros en este mundo? ¿Es apropiado que el Santo Bendito sea Él para realizar este milagro sobre ellos, para hacerlos vivir de nuevo después de su muerte? ¿No sería mejor permanecer en su lugar honrado y puro en el palacio superior en el cielo que regresar a su cuerpo para morar en una "casa de barro", 136 aunque estas viviendas fueran preciosas, "arregladas para dar forma a un palacio ", 137 brillante con piedras preciosas, como mencioné anteriormente?

20Ahora te iluminaré e iluminaré la respuesta a esta pregunta. Es porque cuando una persona es llevada de este mundo al mundo de las almas, que es justo cuando muere, esto se llama k'vod Ha-Shem - "la Gloria del Señor", 138 y desde allí, el mundo de almas, el alma se eleva para deleitarse en tzrur ha-hayyim - "el haz de la vida" 139 - que se llama " netzah " - "para siempre" - como se usa en el verso "Me darás a conocer el camino de vida. En tu presencia está el gozo perfecto, las delicias están para siempre [netzah] en tu diestra ". 140Y si es apropiado quedarse allí para siempre, permanece allí sin interrupción, porque esto es lo que nuestros rabinos z "l dijeron, 141 "

Cada lugar donde se usan las palabras netzah, selah y va-ed [en las Escrituras] significa sin interrupción para siempre ". Y cuando el alma no es apta para quedarse allí, pero debe recibir lo que merece en el mundo de los cuerpos medida por medida, ves que tiene que regresar a este mundo para la resurrección de los muertos, para obtener lo que le corresponde con el cuerpo. en el mundo de los cuerpos. Y por eso está escrito: "Muchos de los que duermen en el polvo de la tierra se despertarán". 142No decía "todos los que duermen", sino "muchos de esos", y ellos, los que no son aptos para prolongar sus días en el "haz de la vida", regresan en la resurrección de los muertos y reciben y se concentran en comprenderlo (sea bendito), y se refinan en la elevación de su comprensión y conocimiento, hasta que están en condiciones de regresar allí, y después de regresar allí son elevados al mundo invisible, que es lo que está escrito: "Él [Dios] nos llevará más allá de la muerte". 143

21Y es necesario que comprenda la afirmación que hicieron nuestros rabinos: "Los justos que en el tiempo por venir vivirán de nuevo no volverán a su 'polvo', sino que seguirán perdurando, como se dice, 'Y los que permanezcan en Sion, y sean dejados en Jerusalén… serán llamados santos ". 144 Así como el Santo dura para siempre, así los justos en el tiempo por venir vivirán y durarán para siempre, como explicaron en un midrash en el Talmud, Tractate Sanhedrin. 145 Y en otro lugar enseñaron en un midrash: "Los muertos a quienes el Santo Bendito sea Él, en su momento en que regrese, resucitará no volverán a 'su polvo', sino que durarán para siempre, y se deleitarán en siete huppot - marquesinas para bodas. 146Y esta es la explicación del asunto y el secreto de la declaración, para el decreto de la Escritura: "Porque polvo eres, y al polvo volverás", 147 es solo desde la perspectiva del pecado original, pero cuando el pecado es quitado y "Él destruirá la muerte para siempre", 148 y el día "volverá a su estado normal [le-eitano] en la mañana", 149 es decir, la fuerza del mundo, 150y nadie podrá llevar al pecado ninguna obra de las manos del Señor (bendito sea), porque el Acusador desaparecerá en un abrir y cerrar de ojos; por lo tanto, no volverán al polvo para siempre. Porque cuando el pecado es quitado y cancelado, así se cancela el decreto, y así no vuelven a "su polvo". Pero a pesar de que nunca regresan a su polvo, no debes entender que esto significa que sus cuerpos siguen existiendo como carne y hueso real, con músculos y huesos, como lo somos ahora. Más bien, se habrán ganado la capacidad de asumir algún tipo de transformación, pero nunca volverá a su polvo. Por lo tanto, es necesario que cualquiera con la mente clara entienda, y no se engañe a sí mismo con la "comida del rey" de sus deseos y el "vino que bebió", 151ni dejarse seducir por el tipo de cosas que seducen a los tontos y a los que están atrapados en las "profundidades fangosas" 152 de su ignorancia.

22Y debes saber que en la comida intelectual que es solo para el alma, preparada para los justos en el mundo de las almas o en la vida del mundo venidero, los justos no son todos iguales en esto, pero hay una jerarquía. de estatus, uno por encima del otro. Y así interpretaron " sove'a 'semahot " 153 - "gozo perfecto" en un midrash en Sifre: 154 "Los rostros de los justos en el tiempo por venir serán como el sol, la luna, el horizonte, las estrellas, los relámpagos , flores, y la menorot del Temple . "Y de la misma manera dijeron en Seder Eliahu Zuta , 155"Los justos tienen siete huppot en el Jardín del Edén, como se dice, 'El Señor creará sobre todo el santuario y lugar de reunión del monte Sion nubes durante el día, y humo con un resplandor de fuego llameante por la noche, etc. " 156 A esto se refería cuando el Santo Bendito sea le prometió a Abraham

Nuestro Padre en el "Pacto entre las piezas" cuando le dijo: "Cuenta las estrellas" y "Así será tu descendencia", 157es decir, así como las estrellas están ordenadas por niveles, la luz de cada estrella es mayor que la de su vecino, con algunos debajo y otros arriba, así en el futuro su descendencia se organizará en niveles, según su luz de la Torá y sabiduría, cada uno mayor que el otro, cada uno sobre el otro. Y así, a la luz del mundo venidero, el nivel de los justos será uno por encima del otro, algunos de ellos dignos del "vidrio que no refleja" 158 , otros "el vidrio que sí refleja", algunos que van arriba por dentro, es decir, tienen permiso para, y otros que no suben por dentro. Y todo esto lo describieron en un midrash en Tractate Sukkah, 159"La fila [de hombres justos inmediatamente] delante del Santo, bendito sea, consta de dieciocho mil, porque se dice: 'Serán dieciocho mil alrededor'", 160 que Rashi explicó como "dieciocho mil de los justos rodeando la Shekhinah ". 161 Y la explicación de su explicación es que lo hacen en cada uno de los cuatro vientos del mundo, y si es así, cada viento tiene cuatro mil quinientos justos, y esto es a lo que se refiere "dieciocho mil alrededor" 162 .

23Y es por eso que enseñaron este midrash en el primer capítulo del Tratado Avodah Zarah: "Él [Dios] flota a través de dieciocho mil mundos que Él creó", 163 es decir, Él camina entre los justos, porque cada persona justa tiene su propio mundo. Y comprenda esto, porque no hay necesidad de extender o expandir más esta explicación. Y también están los grandes justos por encima de todos los demás, que son capaces de mirar "el espejo reflectante" y entrar sin necesidad de permiso, y sobre ellos dijo el rabino Shimon Bar Yohai, 164 "He visto la benei-aliyah [" la élite "] y son pocos en número, porque los justos que entran en este pequeño reino son los treinta y seis en cada generación, como se dice," ¡Felices los que esperan en Él!

".165 Y como dijimos allí, 166 "Quienes le esperan [lo]" - lo [lamed vav] en Gematria tiene treinta y seis años, pero se les llama " benei aliyah ", porque están entre los pocos que pueden entrar sin permiso .

24Y ahora les daré a conocer el tema de la luz superior, que mencioné anteriormente, y así es como terminaré esta Puerta. Debes saber que la luz superior que mencioné anteriormente se llama "día" [yom] en la historia de la creación, y acerca de ella el profeta dijo, "habrá un día, solo el Señor sabe cuándo, ni de día ni de noche, y allí Habrá luz al atardecer ". 167 La explicación de este versículo: "Habrá [ve-hayah] un día". La palabra Ve-HaYa "H consta de las mismas letras del nombre propio de Dios, por lo que está escrito" YHVH es mi luz y mi ayuda, ¿a quién temeré? YHVH, etc. " 168"Un día de luz, solo el Señor lo sabe", solo Él sabe dónde está. Como enseñaron en un midrash, "Él lo escondió para sí mismo, lo hizo separado para sí mismo". 169 "Ni de día ni de noche", es decir, llegará un momento en que este día servirá para los justos, y el tiempo no consistirá en día y noche como funciona ahora con la luz y las tinieblas, sino más bien, "allí será la luz al atardecer "- una gran luz. Y "tarde" ['erev] es el secreto de "la sexta alef " , que es la tarde de Shabat, como en " yom ha-shishi " - "el sexto día". Y esta es la luz que Moisés nuestro Rabí (la paz sea con él) ganó en "la hendidura de la roca", 170 "el espejo reflectante" 171del cual pudo profetizar, y así ganó la "radiación de la piel de su rostro" 172 que era tan brillante como "el rostro del sol". 173 Y en una interpretación dijeron, "una variedad de la luz superior es el globo del sol", 174 porque la luz de este nivel es el nivel de la profecía de Moisés, y el globo del sol, que es una variedad de esto, es la "radiación de la piel de su rostro". Y esto es lo que está escrito, "rayos [karnayyim] emitidos por todos lados, y en él está envuelta Su gloria", 175es decir, la "radiación de la piel de su rostro". Esto vino directamente de la mano del Santo Bendito sea Él para Moisés, y esta radiación es el fruto de lo que fue suyo en este mundo, distinto del resplandor eterno que sería suyo en el mundo venidero, y ese es el nivel de la luz superior. Si es así, entonces la palabra " karnayyim " - "rayos" - incluye tanto el fruto como el resplandor eterno. 176 Y todo esto se debía a las tablillas - luhot - que sostenía. Y entonces esto se insinúa en la palabra " LU'a" H " , que es un acrónimo de las palabras en Habacuc 3: 4 : karnayyim mi-yado L o V e-sham H evyon 'uzo.Y dijeron en un midrash, 177 "'[Vieron] los rayos de la piel de su rostro,' 178 toda la majestad que obtuvo Moisés fue sólo un fruto temporal, un regalo que se ganó, pero el resplandor eterno sería suyo en el mundo por venir, como se dice, 'rayos s [karn ayyim .] de su mano a él'" 179 Y continuó en otro midrash, 180 " 'yo te pondré en una hendidura de una roca' - desde ' la hendidura de la roca 'Moisés ganó la radiación de la piel de su rostro, y así dice,' rayos de Su mano hacia él, allí desde un lugar secreto [hevyon] Su gloria. '" 181

25Así que este libro ya está terminado, construido sobre dichos preciosos. Con estas palabras el iluminado 182 será discernir cuando están comiendo, puede que hacerse santo y sus mentes totalmente bruñido. Con estas palabras ocupadas, que estén en su mesa; elevar el renombre de su mesa para que "todos digan '¡Gloria!'" 183 Que sus corazones sean purificados, para resistir cualquier prueba. "Por éstos levanta la mesa", 184 de modo que "ante el Señor" 185 es su etiqueta. Esta mesa es más grande que la mesa de los reyes, "se le permitirá unirse a los asistentes", 186 y ser levantado en honor para contemplar 187 el rostro de "David entre los lirios pastando", para ganar "el trípode mesa " 188de oro en llamas. Se ganarán las comidas físicas e intelectuales y serán contados entre los benei aliyah .

Bendito es el Señor que ha refinado a sus siervos para perfeccionarnos, cuyo amor por nosotros incluso nos precedió; que Él nos lleve a ver las maravillas de Su Torá, los cimientos de Su Templo, el lugar del arca y las tablas, la menorá, la mesa y los altares. Que nuestras traiciones y pecados sean expiados y perdonados, que la prosperidad sea nuestra, de la mano de Dios entregada con alegría. 189 Que entre los santos nos levante y nos levante, "al oeste y al sur" 190 que nos regale. De la abundancia de Su amor, que redima nuestra alma 191 del Seol cuando la tome, que con Su consejo nos guíe 192 a las "delicias para siempre en Su diestra".193 Que nos rodee con favor, 194 en el "haz de la vida" que nos esconda, 195 que en el camino de la vida nos guíe, y nos conceda lo que está escrito: "Porque Dios es nuestro Dios para siempre; Él nos guiará incluso más allá de la muerte ".

Made in United States
Troutdale, OR
03/09/2024

18339930R00070